GO VISTA
INFO GUIDE

Lettland

von Pia Thauwald

Pia Thauwald studierte Ökonomie in Magdeburg und BWL in Gießen. Jetzt lebt sie in Wetzlar und arbeitet als freie Autorin und Reisefotografin.
Schon früh verband sie ihre Neugier auf fremde Menschen und Kulturen mit dem Reisen und Fotografieren. Die Autorin hat schon viele Regionen der Erde kennengelernt und ihr Herz hängt seit vielen Jahren besonders an Russland und Lettland.

www.vistapoint.de

Willkommen & Top 10

⑩ **Top 10:** Übersichtskarte . . . . vordere Klappe
⑩ **Top 10:** Das sollte man gesehen haben . . . . hintere Klappe

Willkommen in Lettland 4

Chronik

Daten zur Landesgeschichte 6

Stadttour Riga mit Detailkarte

Ein Rundgang durch die lettische Hauptstadt 12
Service-Informationen zu Riga 26

Vista Points – Sehenswertes

Reiseregionen, Orte und Sehenswürdigkeiten

Jūrmala 34
Liepāja 39
Bauska 47
Jelgava 51
Sigulda 53
Cēsis 55
Ventspils 60

Service von A–Z

Lettland in Zahlen und Fakten 62
Anreise, Einreise 62
Auskunft 64
Automiete, Autofahren 66
Behindertengerechte Einrichtungen 67
Einkaufen 67
Essen und Trinken 68
Feiertage, Feste 70
Geld 71
Gesundheit, Ärztliche Versorgung 71
Mit Kindern in Lettland 72
Klima 72
Kunst, Kultur, Literatur 73

Öffentliche Verkehrsmittel 74
Post 75
Presse 75
Religion 75
Sicherheit 76
Sport und Erholung 76
Strände 85
Strom 86
Telefonieren 86
Trinkgeld 87
Unterkunft 87
Zeitzone 88
Zoll 88

Sprachführer

Die wichtigsten Wörter für unterwegs 90

Extras – Zusatzinformationen

Münchhausen in Lettland 14
Jugendstil 24
Wilhelm Richard Wagner 32
Bernstein 40
Bartolomeo Francesco Rastrelli 48
Ernst Johann von Biron 49
Die Rose von Turaida 55
Der Schwertbrüderorden 56
Die lettische Nationalflagge 57

Register 94
Bildnachweis und Impressum 96

Zeichenerklärung

Top 10
Das sollte man gesehen haben, s. vordere und hintere Umschlagklappe.

Vista Point
Reiseregionen, Orte und Sehenswürdigkeiten

Symbole
Verwendete Symbole s. hintere innere Umschlagklappe.

G7 **Kartensymbol:** Verweist auf das entsprechende Planquadrat der ausfaltbaren Landkarte bzw. der Detailpläne im Buch.

Willkommen in Lettland

»Reisen heißt erkennen,
dass alle falsche Vorstellungen
von anderen Ländern haben.«
Aldous Huxley

In Lettland erwarten den Besucher prächtig herausgeputzte alte Hansestädte, Nationalparks mit nahezu unberührter Natur, seltene Tiere und Pflanzen, kilometerlange Sandstrände, über denen die Blaue Flagge für beste Wasserqualität weht, sowie beeindruckende Dünenlandschaften. Und last but not least Menschen, die erfrischenden Optimismus ausstrahlen.

Das kleine Land ist mit seinen Naturschätzen und boomenden Städten wieder ein attraktives und vielseitiges Reiseziel. Das angenehme Ostseeklima und die endlosen Strände wusste einst schon die russische Zarenfamilie zu schätzen, die regelmäßig nach Lettland in die Sommerfrische kam. Die westliche Welt jedoch hatte das Land mit seinen ca. 2,5 Millionen Einwohnern jahrzehntelang fast vergessen.

Doch mit der Unabhängigkeit 1991 begann in der Mitte Europas eine fast beispiellose Entwicklung. Eine alte europäische Kulturnation besann sich ihrer Wurzeln und begab sich auf einen beeindruckenden Weg. Und weil es in Lettland ein paar Jahre wirklich boomte, floss reichlich Geld ausländischer Investoren ins Land. 2005 konnte der EU-Neuling Lettland ein beachtliches Wirtschaftswachstum von 7,2 Prozent aufweisen und die Staatsverschuldung lag bei moderaten 14,7 Prozent. Dann kam die globale Finanz- und Wirtschaftskrise. Unter den EU-Ländern stürzte sie Lettland 2009 in die tiefste Rezession. Die Binnennachfrage ging drastisch zurück, der Außenhandel brach stark ein, unzählige Betriebe mussten Konkurs anmelden und die Arbeitslosenquote betrug etwa 19 Prozent. Der Staatsbankrott drohte.

Ein harter Sparkurs führte zwar zu massiven Protesten, aber es gibt inzwischen Anzeichen von Stabilisierung und Lettland ist optimistisch, die Krise bald überwinden zu können.

Jeder dritte Lette wohnt in der Hauptstadt. Riga ist mit 800 Jugendstilhäusern und der in die Liste des UNESCO-Welterbes aufgenommenen Altstadt ein echtes Juwel. Auch wer einfach nur gut essen und in das Nachtleben eintauchen möchte, wird in der »Heißesten Stadt des Nordens« auf seine Kosten kommen.

Symbol für eine Freie Hansestadt – der Roland mit dem Rigaer Wappen und dem Schwert vor dem Schwarzhäupterhaus

Daten zur Landesgeschichte

Livländischer Ordensritter (1596, Holzschnitt aus der Sächsischen Chronik)

6000 v. Chr. Von Osten kommend siedeln sich finno-ugrische Stämme, die späteren Esten und *Liven,* an.

2000 v. Chr. Indo-europäische Stämme dringen von Süden ein.

1180 Deutsche Kaufleute aus Visby und Lübeck kommen an der Mündung der Düna an. Da die Gegend von den Liven besiedelt ist, wird sie Livland genannt.

Ab 1186 Missionierung der Liven.

1201 Albert von Bremen, dritter livländischer Bischof, gründet an der Düna die Stadt Riga.

1211 Der Dom zu Riga wird als Symbol christlicher Macht gebaut.

1226 Riga erhält Stadtrecht von Gotland, einem der wichtigsten Handelsplätze an der Ostsee.

13. Jh. Der Deutsche Orden unterwirft und christianisiert Livland. Das »Marienland Livland« wird Teil des Römisch-Deutschen Reiches.

1253 Riga wird sowohl Hansestadt als auch Erzbistum der livländischen Ordensprovinz.

13.–15. Jh. Es zählen zehn altlivländische Städte zur Hanse.

1524 Reformation in Alt-Livland.

16. Jh. Russland versucht mehrfach Alt-Livland zu erobern.

1558 Im Livländischen Krieg kämpfen die Liven gegen russische Truppen unter Zar Iwan dem Schrecklichen.

1561 Alt-Livland sucht den Schutz ausländischer Mächte. Durch die Unterstellung im Norden unter

Der Name **Livland** stammt von den bereits im Mittelalter ausgestorbenen östlichen oder Gauja-Liven. Laut lettischer Verfassung ist Lettland das »Land der Letten und Liven«. Von letzteren leben noch etwa 1000 im lettischen Kurland.

Schweden, im Süden unter Polen und den Fortbestand der deutschbaltischen Herrschaft im Inneren zerfällt Alt-Livland.

Münze des Deutschen Ordens

1562	Gotthard Kettler wird Herzog von Kurland und Semgallen.
1621	Große Teile Livlands werden von den Schweden unter König Gustav II. Adolf erobert.
1632	Die erste livländische Universität wird in Dorpat gegründet.
1710	Zar Peter der Große annektiert nach dem Nordischen Krieg die Stadt Riga.
1721	Livland und Estland kommen durch den Frieden von Nystad zu Russland.
1795	Ihnen folgt Kurland. Unter der Bezeichnung »Deutsche Ostseeprovinzen Russlands« sind die alt-livländischen Gebiete somit unter russischer Herrschaft wieder vereint.
1816–19	Die Leibeigenschaft lettischer Bauern wird abgeschafft.
1873	Das erste gesamtlettische Liederfest findet statt. Aus der Studentenschaft »Lettonia« entwickelt sich die Nationalbewegung.
19. Jh.	Es gibt Bestrebungen, sich vom deutschen Leitbild zu befreien, und es werden muttersprach-

Ansicht von Riga aus der »Cosmographia« (1550) des Sebastian Münster

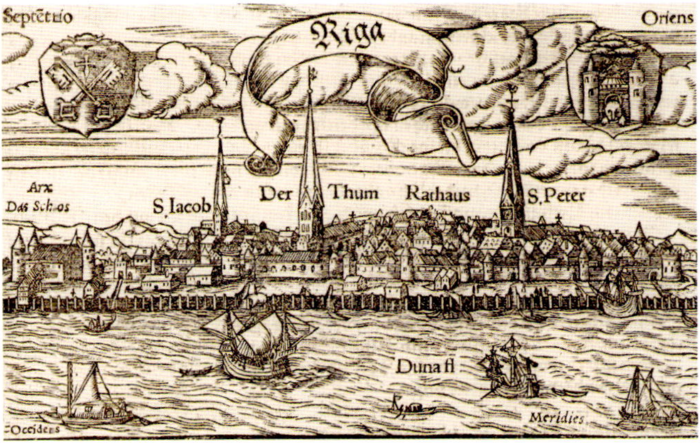

	liche Theater, Vereine und Zeitungen gegründet.
Ab ca. 1850	Es folgen Jahre, die geprägt sind von Industrialisierung und Aufschwung des Handels. Riga entwickelt sich zum bedeutendsten Hafen Russlands.
Ab 1881	Als Folge der Russifizierung der Ostseeprovinzen unter Zar Alexander III. und damit verbundener Beschneidung der deutschbaltischen Selbstverwaltung kommt es zur ersten Abwanderungswelle von Deutschbalten.
1905	Die Revolution in Russland richtet sich in den Ostseeprovinzen hauptsächlich gegen deutsche Grundbesitzer, deren Häuser niedergebrannt werden, sie wird durch russisches Militär niedergeschlagen. Es folgen Ausbürgerungen, Hinrichtungen und Verbannungen.
1914–18	Im Ersten Weltkrieg besetzen deutsche Truppen die Ostseeprovinzen.
1918	Der Volksrat in Riga ruft die Republik Lettland aus, die durch das Deutsche Reich anerkannt wird.
1918/19	Nach Abzug der deutschen Truppen marschiert die Rote Armee ein. Die lettische Sowjetrepublik wird ausgerufen. Nach dem Abzug der Roten Armee richtet sich die Abwehr gegen die Deutschen, die im Juni 1919 bei Cēsis (Wenden) geschlagen werden.
1920	Im Zuge der Agrarreform werden deutschbaltische Großgrundbesitzer entschädigungslos enteignet. Tausende verlassen daraufhin das Land. Es kommt zum Friedensvertrag mit Sowjetrussland; eine erneute Unabhängigkeitserklärung wird von der Sowjetregierung im Rigaer Abkommen vom August 1920 anerkannt. Es folgt eine kulturelle und wirtschaftliche Blüte.
1920–22	Gemäß Verfassung wird eine parlamentarische Demokratie errichtet.
1934	Es kommt zum Staatsstreich und infolge dessen zur Errichtung einer gemäßigten Diktatur unter

Zar Alexander III. (1845–94)

Karlis Ulmanis (1877–1942). Die Verfassung wird aufgehoben.

1939 Die Sowjetunion fällt als Folge des Hitler-Stalin-Paktes und des geheimen Zusatzprotokolls in die baltischen Staaten ein und zwingt Lettland ein Beistands- und Stützpunktabkommen auf.

1939–41 Deutschbalten werden in mehreren Wellen ins Wartheland und ins Deutsche Reich umgesiedelt. Damit geht die 750 Jahre andauernde Geschichte des Deutschtums im Baltikum zu Ende.

Plakat für das Lettische Sängerfest »Dziesmu svētki« 1938

1940 Der Anschluss Lettlands an die Sowjetunion wird erzwungen.

1941 15 000 Letten werden in die Sowjetunion verschleppt.

1940/41 30 000 Letten werden insgesamt getötet, inhaftiert oder deportiert.

1941 Das Baltikum wird durch die deutsche Wehrmacht besetzt. Im »Reichskommissariat Ostland« werden zehntausende Juden unter Beteiligung von Letten von SS-Einheiten ermordet. Lettische Freiwillige, später Zwangsrekrutierte, kämpfen auf der Seite der Deutschen.

1944/45 Die Rote Armee erobert Lettland zurück. Unter der Stalin-Diktatur werden 40 000 lettische Intellektuelle nach Sibirien deportiert. Lettland

Die beiden Kontrahenten des Hitler-Stalin-Paktes: Josef Stalin und …

… Adolf Hitler

Das **Wartheland** gehörte von 1939–45 zum Deutschen Reich, war aber vor dem Angriff Deutschlands auf Polen im September 1939 polnisches Staatsgebiet. Als Folge des Hitler-Stalin-Paktes sollte die deutschstämmige Bevölkerung des Baltikums u. a. ins Wartheland ausgesiedelt werden. Sie hatte die Wahl auszureisen oder zu bleiben. Aus Angst vor der drohenden Besetzung Lettlands durch sowjetische Truppen reisten die meisten aus. Im Zuge der »Germanisierung« des Warthelandes wurde die polnische und jüdische Bevölkerung vertrieben.

wird zur lettischen Sowjetrepublik.

Die Sowjetisierung Lettlands: Plakat von 1957

Bis 1953	120 000 Letten werden getötet, inhaftiert oder deportiert.
1982	Es kommt zu ersten antisowjetischen Demonstrationen.
1986	Die Forderung nach Unabhängigkeit wird öffentlich erhoben. Die Volksfront entwickelt sich zum Sammelbecken aller Reformkräfte.
1989	Mit einer 600 Kilometer langen Menschenkette von Tallinn über Riga nach Vilnius verlangen eine Million Balten am 50. Jahrestag des Hitler-Stalin-Paktes ihre nationale Unabhängigkeit.
1990	Die Volksfront gewinnt die Wahlen und beschließt die Unabhängigkeitserklärung.
1991	Bei einem Putschversuch von Moskauer Kräften sterben in Riga fünf Menschen. Am 20. August 1991 erklärt Lettland seine Unabhängigkeit und setzt die Verfassung von 1922 wieder in Kraft.
1991	Lettland wird in die UNO aufgenommen.
1993	Guntis Ulmanis ist der erste Präsident der Republik Lettland. Die lettische Nationalwährung wird wieder eingeführt.
1995	Lettland wird Mitglied im Europarat.
1999	Das Parlament wählt Vaira Vīķe-Freiberga (parteilos) zur lettischen Staatspräsidentin.
2003	Vaira Vīķe-Freiberga wird für weitere vier Jahre im Amt bestätigt.
2004	Lettland tritt der Nato und der EU bei.
2005	Die lettische Staatspräsidentin wird Sonderbotschafterin für Reformfragen der UNO.
2006	In Riga findet Ende November erstmals in einem Land der ehemaligen Sowjetunion ein zweitägiger Nato-Gipfel statt.
2007	Das Parlament wählt de Chirurgen Valdis Zatlers zum lettischen Staatspräsidenten.
2008/2009	Die globale Finanz- und Wirtschaftskrise stürzt Lettland fast in den Staatsbankrott.
2011	Im Juni wird Andris Bērziņš zum neuen Staatspräsidenten gewählt. ■

Verwinkelte Altstadtgasse in Riga mit Blick auf den Turm des Doms ▷

muzejs
Alpenros
SVEICES VIRTUVE

Ein Rundgang durch die lettische Hauptstadt

Rathausplatz – Schwarzhäupterhaus - Lettisches Okkupationsmuseum – Petrikirche – Johanniskirche – Eckens Konvent – Georgskirche – Livenplatz – Kleine und Große Gilde – Katzenhaus –Dom – Rigaer Börse – Katholische Kirche Mater Dolorosa – Rigaer Schloss –»Drei Brüder« – Jakobikirche – Jakobskaserne – Rahmerturm – Schwedentor – Pulverturm – Basteiberg – Laima-Uhr – Freiheitsdenkmal – Russische Kathedrale – Elizabetes iela – Nationaloper.

Lettlands Hauptstadt Riga ist mit rund 710 000 Einwohnern die größte Stadt im Baltikum und auch dessen heimliche Hauptstadt. Sie liegt an beiden Ufern der Dau-

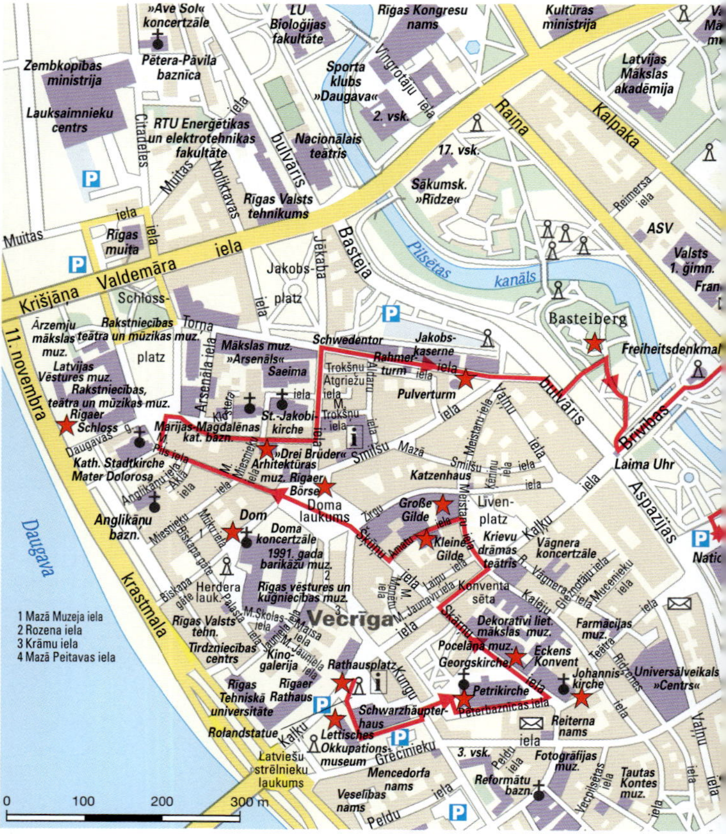

gava (dt. Düna), nicht weit vom Rigaer Meerbusen (Ostsee) entfernt. Die alte Hansestadt mit ihren berühmten Jugendstilhäusern und ihrer gut erhaltenen historischen Altstadt vereint den spröden Charme des Nordens mit weltoffenem südlichem Flair. Trotz aller Probleme und Veränderungen, die mit der Gestaltung der imposanten wirtschaftlichen Entwicklung Rigas seit der Unabhängigkeit 1991 einhergingen, hat die Stadt ihre Identität behalten. Sie ist auf dem besten Weg wieder das »Paris des Nordens« zu werden, wie Riga in Lettlands goldenen 20er-Jahren genannt wurde. Mit herrlichen Bistros und Cafés, der verkehrsberuhigten Altstadt mit ihren engen Gässchen, den extravaganten Fassaden von Renaissance bis Barock und spätem Jugendstil, sowie last but not least den wunderschönen Rigaer Frauen, die topmodisch gestylt, selbstbewusst und mit atemberaubenden Stöckelschuhen über die Kopfsteinpflaster der Altstadt flanieren, braucht Riga den Vergleich mit anderen europäischen Metropolen nicht zu scheuen.

Der Hafen von Riga auf einer Postkarte aus den 1920er Jahren

Die Zukunftsaussichten der Rigaer waren aber nicht immer rosig. Seit der Stadtgründung im Jahre 1201 mussten sie sich mit vielen fremden Herrschern (Deutschen, Dänen, Polen, Schweden und Russen) sowie Bränden und Kriegen herumschlagen.

Obwohl mehrmals abgebrannt, wurde Riga immer wieder größer und prächtiger aufgebaut. So fiel allein die Petrikirche seit dem 13. Jahrhundert dreimal den Flammen zum Opfer. Im Mittelalter bestimmten die Gilden – insbesondere die Kaufmannsgilde –, der Schwert-

Freiherr von Münchhausen (Illustration von Oskar Herrfurth)

Münchhausen in Lettland
Die Geschichte Lettlands weiß von deutschen, russischen, polnischen und schwedischen Herrschern, die Herrensitze, Schlösser und Paläste erbauen ließen. Viele von ihnen wurden inzwischen restauriert und laden zum Besuch ein. Schon »Lügenbaron« Münchhausen ehelichte 1744 in Pernigel (lett. Liepupe) die deutschbaltische Baronin Jacobine von Dunten, mit der er 46 glückliche Jahre verbrachte. Karl Friedrich Hieronymus Freiherr von Münchhausen (1720–97) diente in der russischen Armee und nahm an zwei Kriegen gegen die Türken teil, von denen einige seiner Lügengeschichten erzählen. Bekannt ist der berühmte Ritt auf der Kanonenkugel. Im lettischen Dunte ist noch heute die Schenke erhalten in der der Baron, der dem Rigaer Regiment angehörte, seine Abenteuer fantasievoll erzählt haben soll.

brüderorden (später Deutscher Orden) und der Bischof die Geschicke der Stadt. Zwischen diesen Parteien gab es auch in Friedenszeiten einen starken Konkurrenzkampf. Der wirtschaftlichen Elite, den Hansekaufleu- ten und Handwerkern, mangelte es nicht an Selbstbewusstsein. Ihre Stammhäuser – die Große und Kleine Gilde – zeugen von hanseatischem Wohlstand und Macht. Teilweise soll die Kaufmannsgilde mehr zu sagen gehabt haben als der Stadtrat.

Neben den bildschön restaurierten Relikten früherer Blütezeit findet man in Rigas Straßenbild heute auch die üblichen Symbole internationaler Metropolen, denen die neue Yuppie-Generation gierig huldigt: Nobelkarossen, teure Designerläden, hippe Bars und Discos, trendige Galerien und Internetcafés. Diese enge Verzahnung von Vergangenheit und Zukunft ist beeindruckend und hat ihren besonderen Charme.

aE3/4

Der Rundgang durch die Rigaer Altstadt beginnt am **Rathausplatz** (Rātslaukums). Dieser zentrale Platz kann auf eine wechselvolle Geschichte zurückblicken. Schon 1334 wurde das erste Rigaer Rathaus errichtet, von dessen Balkon die Ratsherren ihre Beschlüsse an die Bürger verkündeten. Gemäß mittelalterlicher Tradition wurden auf dem Platz die verhängten Strafen vollzogen, aber auch reger Handel betrieben; Schausteller traten zur Volksbelustigung auf. Auf Beschluss des Rates wurde

1747 das alte Rathaus abgerissen und nach den Plänen von Johann Friedrich Ettinger, einem Militäringenieur und Architekten, im klassizistischen Stil neu aufgebaut. Im Jahre 1889 bezogen nach Auflösung des Rigaer Rats eine Bank, das Schiedsgericht und die Stadtbibliothek das Gebäude.

Im Zweiten Weltkrieg wurde das Stadtzentrum mit Rathausplatz, Rathaus und Schwarzhäupterhaus nahezu vollständig zerstört. Obwohl man Expertisen zufolge das Rathaus aus dessen verbliebenen Ruinen wieder hätte restaurieren können, wurden die Reste 1954 vollständig abgerissen und durch einen architektonisch einfallslosen, typischen Sowjetbau ersetzt, der später die Technische Universität Riga (RTU) beherbergte. Im Vorfeld des 800. Gründungsjubiläums ihrer Stadt beschenkten sich die Rigaer selbst: Sie beseitigten diese Bausünde und ersetzten sie wiederum durch ein neues Rathaus mit schön rekonstruierten Fassaden in altem Antlitz.

Die imposante **Rolandstatue** auf dem Rathausplatz überstand die Angriffe des Zweiten Weltkriegs relativ unversehrt, wurde aber 1945 von den Sowjets demontiert und ihr Sockel zerstört. Der originale Rigaer Roland steht heute in der Petrikirche. Roland-Statuen finden sich auch in vielen nord- und ostdeutschen Städten. Sie dienten vermutlich als Sinnbild städtischer Eigenständigkeit und wirtschaftlicher Blüte. Bereits im Mittelalter waren Rolande Ausdruck von Freiheit und Unabhängigkeit einer Stadt mit Marktrecht und eigener Gerichtsbarkeit.

Direkt hinter der Rolandsäule steht das beeindruckendste Gebäude der Altstadt, das ❶ **Schwarzhäupter-** aE3/4

Riga – die lettische Hauptstadt und zugleich die größte Stadt des Baltikums

Die beiden Schutzheiligen des Rigaer Schwarzhäupterhauses: Maria und …

haus (Melngalvju nams). Das Gebäude wurde 1334 von der Stadt für öffentliche Zwecke gebaut und unter dem Namen »Neues Haus« zunächst hauptsächlich von Angehörigen der Gilden genutzt, ab dem 15. Jahrhundert auch von der »Compagnie der Schwarzen Häupter«, deren Schutzpatron der heilige Mauritius war. Die Schwarzhäupter waren eine mittelalterliche Bruderschaft, der nur ledige Kaufleute beitreten durften. Der Name »Schwarzhäupterhaus« wurde 1687 mit deren Alleinmieterschaft eingeführt. 1713 ging das Haus schließlich in den Besitz der Bruderschaft über.

In der Zeit vom 18.–20. Jahrhundert war das Schwarzhäupterhaus einer der Schauplätze des kulturellen Lebens der Stadt. In seinen prachtvollen Sälen wurden Konzerte veranstaltet und hohe Gäste empfangen. Nach dem Vorbild holländisch-flämischer Zunfthäuser wurde das Haus im gotischen Stil errichtet. Es beherbergte eine der größten Sammlungen von Silbergegenständen, deren Grundstock bereits im 17. Jahrhundert gelegt wurde. Heute befindet sich der historische Silberschatz der Compagnie der Schwarzhäupter größtenteils im Roseliushaus in Bremen. Prägend für das Erscheinungsbild des alten Rathausplatzes ist die schmuckvolle Fassade des Hauses mit dem prächtigen Renaissance-Ziergiebel und seiner Schauseite zum Marktplatz.

Die **astronomische Uhr** zeigt außer den Mondphasen, den Tierkreiszeichen und der Uhrzeit auch Datum und Wochentag an. Sie ist ein Nachbau des »Calendarium perpetuum« (Ewiger Kalender), das bis zur Neuzeit die Kalenderberechnungen vereinfachte. Als es noch wenig Schreib- und Druckmaterial gab, war es praktisch, einen Kalender zu haben, der nicht jährlich erneuert werden musste. Der Nachbau einer solchen Uhr stammt aus dem Jahre 1626 von Uhrmachermeister Matis. Unter der Uhr befinden sich die Stadtwappen der Hansestädte Bremen, Hamburg, Lübeck und Riga und darunter die Skulpturen von Neptun und Merkur sowie die Allegorien der Eintracht und des Friedens.

Das Schwarzhäupterhaus wurde am 29. Juni 1941 durch deutsche Truppen bei der Einnahme Rigas zerstört. In Vorbereitung der 800-Jahr-Feier der Stadt baute man das Gebäude in den Jahren 1993–99 unter der Leitung von Wilhelm von Boddien originalgetreu wieder auf. Die feierliche Wiedereröffnung fand im Dezember 1999 statt. Im Inneren des Schwarzhäupterhauses erstrahlt auch der große Festsaal (330 m^2) wieder in alter Pracht. Er ist ausgestattet mit wunderschönem Wand- und Deckenschmuck sowie Gemälden beispielsweise der russischen Zarin Katharina II. und des Zaren Peters I. Im Erdgeschoss des Schwarzhäupterhauses befindet sich auch das Touristenbüro von Riga.

An der Westseite des Rathausplatzes steht das 1993 gegründete 2 **Lettische Okkupationsmuseum** (Latvijas okupācijas muzejs). Das schwarze Gebäude (im Volksmund auch »Schwarzer Sarg« genannt) stellt einen groben Stilbruch zur mittelalterlichen Altstadt Rigas dar. Der klobige Plattenbau stammt noch aus der Sowjetzeit und wurde 1970 zunächst als »Museum der Roten Lettischen Schützen« eröffnet. Ein Jahr später wurde das davor stehende Denkmal der Lettischen Roten Schützen errichtet, die 1917 den Rückzug der russischen vor den heranrückenden deutschen Truppen sicherten. Später bildeten sie als Eliteverband die Leibgarde Lenins. Wladimir Iljitsch Uljanow (1870–1924), Pseudonym Lenin, war einer der führenden Köpfe der russischen Oktoberrevolution von 1917. Neben Marx und Engels gilt er als Gründer des wissenschaftlichen Sozialismus.

... der hl. Mauritius, der Anführer der Thebäischen Legion

Die letzten Mitglieder der Leibgarde ließ Stalin 1937 zusammen mit 70 000 bis 80 000 anderen, in Moskau lebenden Letten erschießen.

Das Okkupationsmuseum thematisiert in einer beeindruckenden und erschütternden Ausstellung den Terror sowohl des nationalsozialistischen als auch des kommunistischen Regimes gegen die Bevölkerung. Auch der Widerstand gegen die Besatzung bis hin zur staatlichen Unabhängigkeit 1991 wird aufgearbeitet. Die Ausstellung beschreibt den Einmarsch der Sowjets 1940 und den der Deutschen 1941. Ferner wird die Deportation von mindestens 60 000 Letten dokumentiert. Betroffen waren besonders bürgerliche Eliten, die unter Stalin in die Lager des Gulag nach Sibirien und in andere entlegene Gebiete der UdSSR verschleppt wurden. Gulag (Hauptverwaltung der Lager für Besserung durch Arbeit) gilt schlechthin als das Synonym der systematischen Unterdrückung in der Sowjetunion. Es bestand aus Straf- und Gefangenenlagern, Gefängnissen und Verbannungsorten.

Lettisches Okkupationsmuseum
aE3

Petrikirche
aE4

Dargestellt wird auch die Ermordung von 70 000 lettischen jüdischen Mitbürgern durch die Deutschen und ihre lettischen Helfer. Zu dieser Zahl sind noch einmal 14 000 Juden zu rechnen, die von Westeuropa zur Vernichtung nach Riga transportiert wurden. Das Okkupationsmuseum versteht sich als Ort des Gedenkens an all jene Menschen, die verfolgt, inhaftiert, zwangsdeportiert und exekutiert wurden oder infolge von Gewalt, Flucht oder Not ihr Leben ließen. Der Eintritt ist frei.

Turmblick: die Türme der anglikanischen St.-Saviour-Kirche, der mittelalterlichen Petrikirche und des Rigaer Doms (v.l.n.r.)

Die **Petrikirche** (Pētera baznīca) befindet sich nur wenige Schritte vom Schwarzhäupterhaus entfernt. Sie ist eine der ältesten mittelalterlichen Sakralbauten des Baltikums, wurde 1209 erstmals erwähnt und war im Mittelalter die Hauptkirche Rigas. Über die Jahrhunderte wurde die Kirche mehrmals umgebaut, der erste Turm 1491 errichtet. Eine Aussichtsplattform für den Stadtwächter ermöglichte das frühe Erkennen ausbrechender Feuer und anderer Gefahren. Im Laufe der Zeit fiel der Turm aus Holz selbst drei Mal den Flammen zum Opfer: 1667, 1721 und 1941. Der neue Kirchturm wurde 1690 in Barockform und nach den Entwürfen des Straßburger Architekten Rubbert Bindenschuhaut errichtet. Er bekam eine für diese Zeit einzigartige und innovative Holzkonstruktion.

1721 wurde dieser zweite Turm durch einen Blitzschlag zerstört, danach im Auftrag Peters des Großen erneut aufgebaut. Am 29. Juni 1941 von deutschen Artilleriegeschossen getroffen, brannte auch dieser Turm nieder. 1970 wurde die Kirche zum letzten Mal errichtet; der 123 Meter hohe Turm folgte 1973 und erhielt zum Schutz vor weiteren Bränden eine Stahlkonstruktion. Ein Fahrstuhl bringt Besucher auf eine Panoramaplattform in 72 Meter Höhe, von der man einen hervorragenden Blick über Alt-Riga und die Daugava bis hin zur Ostsee hat.

Von der Petrikirche geht es weiter in die Skārnu iela. Dort stehen in unmittelbarer Nachbarschaft die St. Johanniskirche, Eckens Konvent, das Eingangstor zum Johannishof sowie die Georgskirche. Direkt gegenüber der Johanniskirche befindet sich ein schöner kleiner Platz mit der Skulptur der Bremer Stadtmusikanten aus dem Märchen der Gebrüder Grimm. Sie ist ein Geschenk der Hansestadt Bremen, der Partnerstadt Rigas und Heimatstadt ihres Gründers, Bischof Albert von Buxhoeveden (1165–1229). Dieser kam im Jahr 1201 zusammen mit Kaufleuten aus Gotland an die Düna-Mündung und gründete

Die Petrikirche zählt zu den ältesten und wichtigsten kulturhistorischen Denkmälern des Mittelalters im gesamten Baltikum (Riga)

hier die Stadt Riga, die 1214 von Bremen unabhängig wurde. Obwohl er sein Ziel, die Ernennung Rigas zum Erzbistum, nicht mehr erlebte, zählt er zu den bedeutendsten Missionsbischöfen des 13. Jahrhunderts. Bis zur Reformation wurde er als Heiliger verehrt.

Rigaer Backsteingotik: die Johanniskirche mit ihrem einzigartigen Giebel

Die **Johanniskirche** (Jāņa baznīca) wird 1297 erstmalig erwähnt. Sie war zunächst eine Kapelle des 1234 gegründeten Dominikanerklosters. Um die Wende des 15. zum 16. Jahrhundert wurde die Kirche ausgebaut und erhielt die schöne Fassade mit dem einzigartigen Stufengiebel und dem spätgotischen Eingangsportal. 1582 ging sie in den Besitz der Lutherischen Kirche über. Im Innenraum befinden sich wertvolle Gemälde sakraler Kunst.

Zur Johanniskirche gehört auch eine gruselige Geschichte, seit bei Restaurierungsarbeiten die sterblichen Überreste von Menschen in den Kirchenmauern entdeckt wurden. Berichten zufolge ließen sich zwei Mönche lebend in die Außenwand einmauern, damit der Kirche nichts Böses widerführe. Über einen schmalen Spalt wurden sie bis zu ihrem Tod mit Brot und Wasser versorgt. Danach wurde der Spalt zugemauert. Ein Kreuz an der Südwand kennzeichnete die Stelle, wo die beiden Abergläubischen ihr Leben ließen. aE4

Neben der Kirche befindet sich ein gelbes dreigeschossiges Haus, das **Eckens Konvent** (Ekes konventa Ēka). Es hat seinen Namen von dem Bürgermeister Nikolaus Ecke, der 1596 die ursprüngliche Herberge zu einem Asyl für arme Witwen umbauen ließ. Der nächste Eingang ist das Tor zum **Konventhof** (Konventa sēta), der 1220 von Bischof Albert als Zufluchtsort für Arme und Kranke gegründet wurde und heute eine Hotelanlage mit Café und Galerie beherbergt. Wenige Schritte entfernt steht das älteste Gebäude der Stadt (1204), die **Georgskirche** (Jura baznīca), die im 17. Jahrhundert als Warenlager diente. Heute befindet sich in dem weißen Kalksteingebäude das Museum für Angewandte Kunst. aE4 aE3

Der Rundgang führt nun auf der Skārnu iela weiter bis zur Kalku iela, folgt dieser nach rechts, um dann an der nächsten Abzweigung links in Richtung **Livenplatz** (Līvu Laukums) in die mit bunten Handwerkerhäusern aus dem 18. Jahrhundert gesäumte Meistaru iela einzubiegen. Rechts davon sieht man beiderseits der Amatu iela zwei Symbole alter wirtschaftlicher Prosperität: die Gebäude der **Kleinen** und der **Großen Gilde** (Mazā Ģilde und Lielā Ģilde). aE4 aE4

Um die Mitte des 13. Jahrhunderts schlossen sich die Handwerker in Zünften zusammen und bündelten ihre Interessen in Gilden. Ursprünglich hatte die Handwerksgilde, deren Schutzpatron der heilige Johannes war, ihren Sitz in der ehemaligen Kapelle. Die Kaufmannsgilde, in der sich die Kaufleute nahezu zeitgleich vereinigten, residierte im ehemaligen Refektorium des aufgelösten Franziskanerklosters. Da das Gildehaus der Handwerker kleiner war als das der Kaufleute, wurde es Kleine Gilde und das andere Große Gilde genannt. Beide Häuser wurden Mitte des 19. Jahrhunderts vollständig umgebaut. Zuerst erfolgte der Umbau des Großen Gildehauses nach einem Entwurf des Architekten Karl Beyne. Dieser integrierte den zweischiffigen Saal mit gotischem Gewölbe und Pfeilern in den Neubau. Danach folgte der Neubau der Kleinen Gilde im englisch-neogotischen Stil nach Entwürfen des Architekten J. D. Felsko. 1935 wurden die Gilden aufgelöst. Das Große Gildehaus wird seit 1957 als Konzertsaal der **Philharmonie** genutzt.

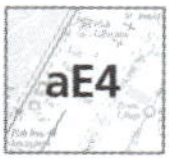

Schräg gegenüber dem Livenplatz steht ein gelbes Jugendstilhaus mit zwei Türmchen und darauf angebrachten Katzen, woher auch der Name **Katzenhaus** (Kaku māja) stammt. Ein Kaufmann, dem die Gildeaufnahme verweigert wurde, ließ die Katzenfiguren im Zorn anfertigen und mit den Hinterteilen zum Gildehaus ausrichten.

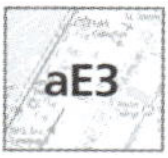

Von der Amatu iela kommt man ein Stück weiter rechts über die Škūnu iela zum weitläufigen **Domplatz**, dem Zentrum der Altstadt. Die Grundsteinlegung des **Doms** (Doma baznīca), der rund 5000 Besuchern Platz bietet und damit der größte Sakralbau Lettlands ist, er-

Rund um den Rigaer Domplatz mit der Börse pulsiert das städtische Leben; im Hintergrund das kleine Kirchlein der Mater Dolorosa

folgte 1211 im Auftrag von Bischof Albert. Die Kathedrale wurde im Laufe der Zeit ständig umgebaut, wiederaufgebaut und erweitert. Das führte dazu, dass sie verschiedene architektonische Baustile – Romanik, Gotik und Barock – in sich vereinigt. Highlights im Inneren der Kirche sind die Barockkanzel von 1641 und die prächtige Orgel mit 6718 Metall- oder Holzpfeifen. Sie wurde 1883 von der berühmten Orgelbaufirma Walcker aus Ludwigsburg gebaut. Sie war damals die größte und modernste Orgel der Welt. Ihrem noch heute wunderbaren Klang kann man bei einem der zahlreichen Konzerte im Dom lauschen.

Kreuzgang des ehemaligen Domklosters in Riga

Direkt gegenüber dem Dom ist die **Rigaer Börse** (Rīgas birža) in einem wunderschönen palastartigen Renaissance-Gebäude untergebracht. Von dort geht es weiter die Pils iela entlang, an deren Ende sich auf der linken Seite vor dem Schlossplatz die Ende des 18. Jahrhunderts erbaute **Katholische Kirche Mater Dolorosa** (Sāpju Dievmātes katoļu baznīca) erhebt. Mater Dolorosa ist ein Begriff der Marienverehrung und bedeutet »schmerzensreiche Mutter«.

Das **Rigaer Schloss** (Rīgas Pils) wurde von 1330–50 als Residenz des Ordensmeisters erbaut. Es war bereits die zweite Ordensburg. Die erste, die auf dem Gelände des heutigen Konventhofs stand, fiel dem Kampf der Rigaer Bürger gegen den gehassten Orden zum Opfer. Aufgrund seiner militärischen Funktion fiel die Gestaltung des Schlosses schlicht aus. Das Erscheinungsbild der Festung wurde stark von den beiden Wehrtürmen geprägt. Zu den wenigen künstlerischen Elementen zählten zunächst nur die Portraitreliefs der heiligen Maria und des Ordenmeisters Wolter von Plettenburg, die sich über dem Burgeingang befinden.

Im 18. und 19. Jahrhundert folgten mehrere Umbauarbeiten, unter anderem auch der Einbau diverser Prachtsäle, wie des Weißen Saals. Das Schloss diente nun als Residenz der verschiedenen Machthaber der Stadt. 1938 wurde es noch um den Dreisterneturm erweitert, der vom lettischen Architekten Eizens Laube (1880–1967) entworfen wurde. Heute hat der lettische Staatspräsident im Schloss seinen Amtssitz. Ferner sind dort noch das Lettische Historische Museum, das Museum für Ausländische Kunst und das Museum für Literatur, Theater und Musik untergebracht.

aE3

Vom Schlossplatz geht es weiter in die Mazā Pils iela zu einem weiteren Rigaer Wahrzeichen, den **»Drei Brüdern«** (»Trīs brāļi«). Das Gebäudeensemble besteht aus drei auf kleinen Grundstücken eng aneinander gebauten Wohnhäusern. Diese wurden jeweils zu unterschiedlichen Zeiten fertiggestellt und zeigen daher verschiedene Architekturstile aus dem 15.–17. Jahrhundert. Die Gebäude dienten zugleich als Wohn- und Handelshäuser. Haus Nummer 17, der älteste »Bruder«, stammt aus dem 15. Jahrhundert und hat einen Stufengiebel sowie gotische Nischen. In Haus Nr. 19 ist heute das Architekturmuseums Lettlands untergebracht.

aD3

Der Mazā Pils iela folgend, gelangt man zur Kreuzung mit der Jēkaba iela. Links abbiegend, steht man unmittelbar vor der frühgotischen **Jakobikirche** (Jēkaba baznīca), die erstmals 1226 urkundlich erwähnt wurde. In der im 15. Jahrhundert angebauten Kapelle wurde 1675 eines der ersten Rigaer Gymnasien eingerichtet. Die Jakobikirche ist heute die Kathedrale der katholischen Gemeinde Lettlands. Der Legende nach läutet ihre Außenglocke, wenn sie von untreuen Damen passiert wird.

Geht man nun über die Jēkaba iela weiter Richtung Jakobsplatz (Jēkaba Laukums), gelangt man zur Torna iela

Einst eines der zentralen Elemente im Verteidigungssystem von Riga: der Pulverturm

und von dieser rechts abbiegend zur **Jakobskaserne** (Jēkaba kazarmas), dem längsten Gebäude Rigas. aD4 Die aus dem 18. Jahrhundert stammende Kaserne wurde aufwändig restauriert und beherbergt heute viele Geschäfte, Cafés und Wohnungen. Gegenüber der Jakobskaserne befinden sich restaurierte Fragmente der alten Stadtmauer mit dem nachgebauten **Rahmerturm** (Rāmera tornis). aD4 Etwas westlich vom Turm erhebt sich das **Schwedentor** (Zviedru vārti), das wahrscheinlich in die Stadtmauer gebrochen wurde, um den in der Nähe stationierten schwedischen Söldnern einen schnellen Zugang in die Stadt zu ermöglichen.

Der Jēkaba iela weiter entlanggehend, kommt man zum **Pulverturm** (Pulvertornis), der erstmals 1330 unter dem Namen Sandturm erwähnt wurde. aD4 Da später in seinen Kellern Schießpulver gelagert wurde, benannte man ihn im 16. Jahrhundert um. Entsprechend seiner Funktion im Verteidigungssystem der Stadt hat der Turm rund drei Meter dicke Mauern und viele Schießscharten. Heute ist darin das Kriegsmuseum Lettlands untergebracht.

Gegenüber dem Pulverturm, jenseits der Straße, sieht man den **Basteiberg** (Bastejkalns). Der Berg und seine Umgebung zählen zu den schönsten Parks der Rigaer Innenstadt. aD4 Südöstlich reicht er bis an die Nationaloper heran. Er wurde künstlich angelegt, nachdem 1857 beschlossen wurde, auf die alten Befestigungssysteme aus Stadtwall und Stadtgraben zu verzichten.

Teile der Erdmassen, die beim Abtragen der Wälle anfielen, wurden unter anderem zum Füllen der Gräben genutzt. Der Rest wurde zu einem Hügel aufgeschüttet und der Basteiberg war geboren. Ein frühes Beispiel stofflicher Verwertung. Später wurde die gesamte Anlage bepflanzt sowie Spazierwege und ein künstliches Bächlein angelegt.

Nach einem kleinen Spaziergang im Park stößt man auf die Kalku iela, an der eine schöne Uhrensäule, die **Laima-Uhr** (Laimas pulkstenis), zu sehen ist. Der Name stammt von einer gleichnamigen bekannten Rigaer Schokoladenmarke (Laima: dt. Glück). Ursprünglich aufgestellt, um der arbeitenden Bevölkerung den pünktlichen Dienstantritt zu erleichtern, ist die Uhr heute ein beliebter Treffpunkt von Rigas Jugendlichen.

Nordöstlich davon, nur wenige Schritte den Brīvības bulvaris, den Freiheitsboulevard, entlang, erhebt sich das stolze Symbol der lettischen Freiheit und Unabhängigkeit, das **Freiheitsdenkmal** (Brīvības piemineklis), im Volksmund auch »Milda« genannt. aD4 Es wurde 1931–35 nach Entwürfen des zu dieser Zeit sehr angesehenen Bildhauers Karlis Zāle von dem Architekten Ernests Stalbergs errichtet und ersetzte ein Reiterstandbild Peters des Großen. Finanziert wurde das Denkmal aus Spenden der Bevölkerung.

An der Spitze des 42 Meter hohen Obelisken befindet sich eine symbolische Figur in Form einer weiblichen Ge-

Stadtbildprägend: der Jugendstil, …

stalt, die die Selbstständigkeit Lettlands verkörpert. Die drei Sterne, die die Dame in den Händen hält und gen Himmel streckt, symbolisieren die drei historischen Regionen Lettlands: Kurland (Kurzeme), Livland (Vidzeme) und Lettgallen (Latgale). Offizielle Stellen behaupteten zu Sowjetzeiten, die drei Sterne symbolisierten die Einheit der drei baltischen Sowjetrepubliken.

Am Sockel des Denkmals zeigen verschiedene Skulpturengruppen wichtige Ereignisse der lettischen Geschichte, so z.B. »Wächter des Vaterlands«, »Mutter Lettlands« und »Arbeit und Familie«. Während der Perestroika wurde der Platz um das Freiheitsdenkmal regelmäßig für Diskussionen und Versammlungen genutzt. Heute legen Hochzeitspaare oft Blumen am Fuße des Denkmals nieder oder es finden Musik-Festivals auf Bühnen davor statt.

Erwähnenswert ist auch die Ausrichtung des Denkmals: So blickt die Statue der Freiheit, ebenso wie die mit stolzem Ausdruck dargestellten Figuren am Fuße des Denkmals, Richtung Westen. Die Figuren in Ketten und mit gesenktem Haupt schauen dagegen Richtung Osten.

aC5

Geht man den Boulevard nun weiter Richtung Neustadt, gelangt man zur **Russisch-orthodoxen Kathedrale** (Pareizticīgo katedrāle) am Eingang zum Esplanāde-Park. Die mit fünf Kuppeln beeindruckende Kathedrale wurde 1884 fertiggestellt. Im Innenraum war sie ursprünglich mit Fresken der bekanntesten Künstler der damaligen Zeit ausgestattet. Leider zerstörten die Sowjets diese Kunstwerke, als sie die Kathedrale zeitweise als Planetarium nutzten. Mit Sammlungen und Spenden wurde die Kathedrale inzwischen aufwendig restauriert.

aB3–aE6

Im Esplanāde-Park befinden sich in Sichtweite der Kathedrale noch die Kunstakademie und das Kunstmuseum. Nördlich grenzt der Park an die 3 **Elizabetes iela,**

Jugendstil

Die kunstgeschichtliche Epoche des Jugendstils um die Wende vom 19. zum 20. Jahrhundert kennt viele Bezeichnungen wie Art Nouveau, Modern Style oder Modernismo. Benannt nach der 1896 in München gegründeten Illustrierten »Die Jugend« ist diese Bezeichnung nur in Deutschland, den Niederlanden und in Lettland gebräuchlich. Jugendstil ist gekennzeichnet durch dekorativ geschwungene Linien, großflächige florale Ornamente und die Abkehr von Symmetrien. Es sollte die Wiedereinbeziehung der Kunst in das Alltägliche vollzogen und die Verschmelzung von Kunst und Leben dargestellt werden. Den dekorativen Künsten kam dabei eine besondere Bedeutung zu. Die Funktionalität eines Gebäudes sollte auch in dessen Gestaltung zum Ausdruck gebracht werden.

in der die schönsten Jugendstilhäuser Rigas stehen.

Zurück zum Stadtzentrum geht es weiter durch den Vērmanes-dārzs-Park, an der lettischen Universität vorbei zum Endpunkt des Stadtrundgangs, der **Nationaloper** (Latvias Nacionālā opera). Auf den Bänken in den Grünanlagen kann man sich etwas ausruhen und die vielen Eindrücke auf sich wirken lassen. Die Figuren im Springbrunnen stammen von August Volz (1887). Das Haus selbst wurde 1863 als Deutsches Theater eingeweiht, brannte 1882 aufgrund einer defekten Gasbeleuchtung komplett aus und wurde aufwendig restauriert. Dabei wurden die Innenräume ausgebaut und technische und dekorative Erweiterungen vorgenommen. Das äußere Erscheinungsbild blieb unverändert.

… um 1900 wurden in Riga …

aE4/5

1995 wurde das Haus, zuvor bereits in Lettische Nationaloper umbenannt, nach vierjähriger Generalüberholung unter anderem mit einer hochmodernen Bühnenanlage feierlich neu eröffnet. 2001 wurde der noch angebaute neue Saal eingeweiht. ■

… mehr als 800 Häuser in schönstem Jugendstil erbaut – hier Beispiele aus der Elizabetes-Straße

Service-Informationen zu Riga

aE3/4

Touristeninformation
Rātslaukums 6, LV-1050 Riga
✆ 67 03 79 00, Fax 67 03 79 10
www.rigatourism.com
Tägl. 10–19 Uhr

Direkt vor dem Schwarzhäupterhaus befindet sich im Haus Schwab das Koordinations- und Informationszentrum für Tourismus in Riga. Dort gibt es in einer Vielzahl von Sprachen eine Fülle ausgezeichneter kostenfreier Infomaterialien. Sehr zu empfehlen ist die Broschüre »Riga in your pocket«. Sie erscheint in zweimonatigem Turnus (engl.) und enthält aktuelle Veranstaltungshinweise sowie Wissenswertes über die Stadt und ihre Umgebung. Das Heftchen kostet 1,2 LVL, beim Kauf einer Riga-Card erhält man es kostenlos dazu.

Riga-Card
Diese Ermäßigkungskarte gilt als Transportticket für Bus- und Straßenbahnlinien sowie als Eintrittsticket in viele Museen. Ferner erhält man mit der Karte vielfach Rabatte, z.B. auf verschiedene Serviceleistungen, in Souvenirshops und in Restaurants. Die Karte ist erhältlich für 24, 48 oder 72 Stunden und kostet 10, 14 beziehungsweise 18 LVL. Kinder unter 16 Jahren zahlen die Hälfte.

aF5

Busbahnhof
Prāgas 1, Riga
✆ 90 00 00 09, www.autoosta.lv, tägl. 5–24 Uhr
Nicht gerade ein Schmuckstück. Aber von hier aus kommt man extrem günstig in fast jede lettische Stadt. Empfehlenswert sind auch Touren in die Nachbarländer Estland und Lettland. Meist fahren die Eurolines-Busse die verschiedenen Fernziele mehrmals am Tag an. Einfach am Schalter erkundigen. Tickets können auch online bestellt werden: www. ecolines.lv.

Jugendstildekor in der Elizabetes-Straße

Dom/Doma baznīca
Doma laukums, Riga
aF3
✆ 67 22 75 73, www.doms.lv
Mai–Sept. tägl. 9–18, Mi, Fr bis 17, sonst tägl. 10–17 UhrDen Besuch eines Orgelkonzerts im Dom sollte man nicht versäumen. Organisten

Etwas außerhalb von Riga befindet sich das Ethnografische Open-Air-Museum, in dem …

aus aller Welt geben hier gerne Konzerte, um auf der einzigartigen Orgel zu spielen.
Auskünfte zu Konzerten im Dom: www.doms.lv/koncer ti, ✆ 67 21 32 13.

Ethnografisches Open-Air-Museum/
Latvijas etnogrāfiskas brīvdabas muzejs
Brīvības iela 440, Riga
✆ 799 45 10, www.virmus.lv
Tägl. 10–17 Uhr, Eintritt 1 LVL
Im ältesten Freilichtmuseum des Baltikums stehen Gebäude aus den verschiedenen Landesteilen, von denen einige über 300 Jahre alt sind. Das mehr als 100 Hektar umfassende Gelände befindet sich am Juglas-See, nur ca. 8 km von der Innenstadt entfernt in östlicher Richtung. Die Buslinie Nr. 1 hält direkt am Museum. Im Gasthaus werden leckere altlettische Gerichte serviert.

… alte lettische Traditionen wieder lebendig werden

Fassadenschmuck am Schwarzhäupterhaus (Riga)

Hotel Konventa Sēta aE4
Kalēju 9/11, Riga
✆ 708 75 01
www.konventa.lv
Architektonisches Schmuckstück mitten in der Altstadt. Auf dem Konventhof-Gelände befinden sich unter anderem noch eine Galerie und ein Café. Im Keller des Haupthauses sind Reste der alten Stadtmauer zu sehen.

Johanniskirche/ Jāņa baznīca aE4
Jāņa iela 7, Riga
✆ 722 40 28, www.janabaznica.lv
Di–Sa 10–17 Uhr

Jüdisches Museum/ Zidu muzejs aB5
Skolas 6, Riga
✆ 728 34 84, So–Do 12–17 Uhr
Eintritt frei/Spenden willkommen
Kleines informatives Museum im 3. Stock. In englischer und lettischer Sprache wird die leidvolle Geschichte der lettischen Juden seit dem 18. Jh. gezeigt.

aF4 **Jüdische Synagoge Peitav Shul**
Peitavas 6/8, Riga
✆ 721 45 07
Tägl. 10–16 Uhr, Eintritt frei/Spenden willkommen
Die einzige erhalten gebliebene Synagoge wurde 1905 errichtet. Die jüdische Gemeinde umfasst heute ca. 12 000 Mitglieder.

aE4 **Konzerthalle Große Gilde**
Amatu 6, Riga
✆ 722 48 50, www.music.lv/orchestra
Sitz des Lettischen Philharmonischen Orchesters.

Motormuseum/Rīgas motormuzejs
Eizenšteina 6, Riga, mit der Straßenbahn Nr. 21 von der Haltestelle Brīvības bis Pansionāts in Mežciems
✆ 709 71 70
Tägl. 10–16 Uhr, Eintritt 1 LVL
Sammlung von Oldtimern, z. B. Rolls-Royce, BMW, Mercedes. Hingucker sind die Wachsfigur Leonid Breschnews (1906–1982) am Steuer seines Unfall-Rolls-Royce und die von Stalin in seinem gepanzerten ZIS 115 (= Limousine des Herstellers Zavod Imeni Stalina, dt. Stalinwerk).

aE3 **2 Lettisches Okkupationsmuseum/ Latvijas okupācijas muzejs**

1 Strēlnieku laukums, Riga
✆ 721 27 15, www.occupationmuseum.lv
Mai–Sept. tägl. 11–18, Okt.–April Di–So 11–17 Uhr
Eintritt frei (um eine Spende wird gebeten)

Petrikirche/Pētera baznīca aE4
Skārnu iela 19, Riga
✆ 722 94 24, www.peterbaznica.lv
Di–So 10–18 Uhr, Eintritt 2/0,50 LVL
Von der Aussichtsplattform hat man einen tollen Blick auf Riga und kann schöne Panoramabilder machen.

❶ Schwarzhäupterhaus/Melngalvju nams aE3/4
Ratsläukums 7, Riga
✆ 704 43 00, http://nami.riga.lv/mn
Di–So Mai–Sept. 10–17 Uhr, sonst 11–17 Uhr, Eintritt 2/1 LVL

Zentralmarkt/Vāgnera zāle aF5
Centraltirgus, Riga
Di–Sa 7–18, So/Mo 8–17 Uhr
www.centraltirgus.lv
Riesiger Lebensmittelmarkt, einer der größten Europas, mit üppigem Sortiment, in ehemaligen Zeppelinhangars aus dem Ersten Weltkrieg. Tolle Atmosphäre und frischer Kaviar zu verbraucherfreundlichen Preisen. Eine echte Sehenswürdigkeit.

Alus Sēta aE3
Tirgonu 6, Riga
✆ 722 24 31, tägl. 11–1 Uhr
Urige Gaststätte, zentral in der Altstadt gelegen mit preiswerten, herzhaften lettischen Gerichten (Bufett) und Fassbier, Bedienung in alten lettischen Trachten. €

Emīhla Gustava Sokolāde aE3
Tirgonu 9, Riga
✆ 735 82 66, tägl. 8–22 Uhr

Auf dem Rigaer Zentralmarkt

In Lettland werden zu jeder denkbaren Gelegenheit Blumen verschenkt

Hier gibt es nach den Originalrezepten des berühmten Confiseurs Emīl Gustav hergestellte Schokolade. Das Schokoladenparadies ist mit viel Liebe wunderschön eingerichtet und der ideale Ruhepunkt bei einem Altstadtbummel.

Besonders zu empfehlen: heiße Schokolade mit Pfefferminz-Geschmack – für Auge und Gaumen ein Hochgenuss!

aF4

Četri Balti Krekli
Vecpilsētas 12, Riga
✆ 28 68 84 88, www.krekli.lv
Mi–Sa 20–5, So–Di 20–3 Uhr, Eintritt 1–5 LVL
Restaurant/Pub, in dem vorwiegend lettische Bands auftreten.

Zum Verweilen gibt es in der Rigaer Altstadt auch ruhige Plätzchen

Der »Rigaer Schwarze Balsam« war früher eine beliebte Medizin und wurde in allen Apotheken Europas verkauft. Heute genießt man den hochprozentigen Kräuterschnaps entweder pur oder mit Kaffee, Eiscreme oder Blaubeersaft.

Coffee Nation aE3
Tirgonu 4, Riga, tägl. 8–22 Uhr
Trendiges Café. Im Baltikum überall vertretene Franchise-Kette. Bester Espresso Rigas hinter Jugendstilportal.

Riga Balzams aD4
Torna 4, Riga
✆ 721 44 94, www.balzambars.lv
So–Do 11–24, Fr/Sa 11–1 Uhr
Die Bar ist nach dem »Nationalgetränk« Rigas, dem Kräuterschnaps *Melnais Balzams* benannt. Den schwarzen Magenbitter gibt es hier in allen möglichen Variationen.

Der größte Techno-Schuppen Rigas: La Rocca

La Rocca östl. aB6
Brīvības iela 96, Riga
✆ 750 60 30, www.larocca.lv
Do–Sa 22–7, So 22–6 Uhr
Mo–Mi geschl., Eintritt 3–5 LVL
Der größte Techno-Schuppen Rigas befindet sich zentral gelegen in einem ehemaligen Theater.

Lettische Nationaloper aE5
Aspazijas bulvāris 3
Riga
✆ 707 37 77, www.opera.lv
Tickets: Mo–Sa 10–19, So 11–19 Uhr
Opulentes Opernhaus mit sehr preisgünstigen Opern- und Ballett-Aufführungen. Preise je nach Event zwischen 2 und 30 LVL. Ballett steht in Riga unter einem guten Stern: Baryschnikow ist ein Sohn der Stadt.

Lido atpūtas centrs
Krasta 76, Riga
✆ 750 44 20, www.ac.lido.lv, tägl. 11–24 Uhr
Das Lido liegt am Ufer der Dauga und ist mit der Buslinie 107a zu erreichen. Live-Musik und Tanz jeden Abend ab 19 Uhr. Restaurants mit riesigen Buffets. Angeschlossener Vergnügungspark €.

Wagner-Konzertsaal/Vāgnera zāle aE4
Vagnera 4, Riga
✆ 721 08 17, www.concert.lv
In dem 1998 restaurierten Konzertsaal finden klassische Konzerte statt. Hier dirigierte Richard Wagner erstmals

Wilhelm Richard Wagner (1813–83)
Der deutsche Komponist arbeitete von Juni 1837–39 als Dirigent in Riga, wo 1838 der Text und der Beginn der Partitur des »Rienzi – der letzte der Tribunen« entstanden. Bekannte Werke: »Der Fliegende Holländer«, »Tannhäuser und der Sängerkrieg auf der Wartburg«, »Lohengrin«, »Der Ring der Nibelungen«, Tristan und Isolde«, »Die Meistersinger von Nürnberg« und »Parsifal«.

Porträt Richard Wagners von Cäsar Willich (1862, Leipzig)

in der Musikgeschichte mit zum Orchester anstatt zum Publikum zugewandten Gesicht.

Nationaler Rigaer Zoo/Zoologiskais dārzs
Meža Prospekts, Riga, mit der Straßenbahn Nr. 11 von der Haltestelle Barona zum Zoologiskais dārzs
✆ 751 84 09, www.rigazoo.lv
Tägl. 10–18 Uhr, Eintritt 4/3 LVL
Der Rigaer Zoo wurde bereits 1912 eröffnet. Mit Beginn des Ersten Weltkriegs wurden die meisten Tiere nach Deutschland gebracht, und der Zoo wurde geschlossen. 1933 erfolgte die Wiedereröffnung. Zu Sowjetzeiten war der Zoo mit über 2000 Tieren und über 400 Tierarten einer der größten in der Sowjetunion.

aE4

Orange Bar
Jāņa sētā 5, Riga
✆ 722 84 23
www.orangebar.lv
Mo–Do 12–2, Fr/Sa 12–5, So 12–1 Uhr
Laden mit der besten Alternative-Musik in der Stadt. Auch für die etwas reiferen Jugendlichen geeignet.

aC5

Skyline Bar, Radisson Blu Hotel Latvija, 26. Stock
Elizabetes iela 55, Riga
✆ 777 22 22, www.skylinebar.lv
Mo–Do 16–2, Fr/Sa 15–3, So 15–2 Uhr
Hier kann man Riga aus der Vogelperspektive auf angenehmste Weise genießen: in lockerer Atmosphäre mit einem Cocktail in der Hand.

Alte Stadtansicht von Riga auf einem Stahlstich

Rigas Galerija aE4
Aspazijas bulvāris 20
✆ 722 58 87
www.rigasgalerija.com
Mo–Fr 12–19 Uhr, Sa/So geschl.
In der Galerie befindet sich die größte Sammlung zeitgenössischer Zeichnungen und Grafiken Rigas.

Arena Riga
Skanstes 21, Riga
✆ 738 82 00, www.arenariga.com
Eintritt 5–15 LVL

aE4

Volkssport Nummer Eins sportbegeisterten Letten ist Eishockey. Und so war man besonders stolz, 2006 die Eishockey-Weltmeisterschaften ausrichten zu dürfen. Dazu wurde eigens die neue Arena gebaut. Sie verfügt über 12 500 Sitzplätze und ist von der Altstadt aus am bequemsten per Taxi zu erreichen.

Ozo Golf Club
Mīlgrāvja iela 16, Riga
✆ 739 43 99, www.ozogolf.lv
Ab 9. April tägl. 9–17.30 Uhr
Einziger Golfplatz im Baltikum mit 18 Löchern. ■

Die Silhouette Rigas wird durch die Weite der Daugava und die aufragenden mittelalterlichen Türme bestimmt

Vista Points – Sehenswertes

Reiseregionen, Orte und Sehenswürdigkeiten

❹ Jūrmala

Jūrmala, die Stadt »auf der Welle«, ist der größte Kurort und das exklusivste Ostseebad des ganzen Baltikums. Flächenmäßig ist sie die zweitgrößte und mit ca. 60 000 Einwohnern die fünftgrößte Stadt in Lettland. Nur 25 km von Riga entfernt, ist Jūrmala mit öffentlichen Verkehrsmitteln bestens erreichbar. Auffällig sind die vielen einzigartigen Villen und die farbigen Holzhäuser mit ihren filigranen Schnitzereien und Türmchen, die vom Turm einer Jugendstilkirche dominiert werden.

Historisch betrachtet besteht Jūrmala aus 15 Orten, die am 11.11.1959 zu einem Kurort vereint wurden: Priedaine, Lielupe, Bulduri, Dzintari, Majori, Dubulti, Jaundubulti, Pumpuri, Melluži, Asari, Vaivari, Sloka, Kauguri, Jaunkemeri und Kemeri. Alle Orte haben zusammen eine Strandlänge von 33 km und erstrecken sich zwischen Kemeri und der Lielupe-Mündung. Der 119 km lange Fluss (dt. Kurländische Aa) fließt von Bauska kommend durch die historischen Landschaften Vidzeme (dt. Livland) und Zemgale (dt. Semgallen), bevor er in die Rigaer Bucht mündet.

Hölzerne Bäderarchitektur und feinsandiger weißer Strand: Jūrmala

Der **Strand** wird gesäumt von Kiefernwäldern und feinsandigen Dünen mit weißem Quarzsand. Das Wasser ist flach und erreicht im Sommer eine Temperatur von etwa 19 °C. Über dem Strand des Seebades weht die Blaue Flagge für geprüfte gute Wasserqualität. Zudem hat die Weltgesundheitsorganisation Jūrmala 2005 den Status »Gesunde Stadt« verliehen.

Ende des 18. Jahrhunderts kamen die ersten Kurgäste nach Jūrmala

Einst gehörte die Halbinsel dem deutschbaltischen Baron Wilhelm von Fircks (1870–1933), der hier einen Majoratshof besaß. Das Zentrum Jūrmalas heißt noch heute Majori. *Majorat* (lat.) ist eine Erbfolgeordnung, nach der der älteste Sohn das Vorzugsrecht auf das Erbgut hat.

Das milde Meeresklima mit seiner gesunden Luft hat Jūrmala zu einem beliebten Erholungsort mit gepflegten Stränden und vielen Strandcafés gemacht. Eine große Palette Freizeitmöglichkeiten wie Strandfußball, Strandvolleyball, Kite- und Windsurfen, Billard und Bowling, Tennisplätze und Fitnessclubs sowie moderne Spa-Hotels und anspruchsvolle Gastronomie lassen die Gäste schnell den Alltag vergessen und Erholung finden. Kinder bauen am flachen Strand Burgen oder plantschen im Wasser. Die Zahl der Touristen in Jūrmala steigt beständig. Deutsche Touristen machen mit 1,1 Prozent bisher einen sehr geringen Anteil aus.

Seit auch die russischen Neureichen das Ostseebad für sich entdeckt haben, sind hier die Preise für den Quadratmeter Wohnraum auf bis zu 6000 Euro explodiert. Eine Baukommission und die Bürgermeisterin Inese Aizstrauta, von Beruf Architektin, wachen darüber, dass es nicht zu architektonischen Fehltritten kommt. Jede Abrissstelle wird mit modernen Villen und Hotels bebaut, die eine bestimmt Höhe nicht überschreiten dürfen.

Es gilt ein strenger Denkmal- und Naturschutz. So dürfen weder alte historische Häuser abgerissen noch Bäume gefällt werden. Insgesamt sind etwa 4000 Holzhäuser registriert. Muss wegen maroder Substanz eines tatsächlich abgerissen werden, wird es nach den alten Plänen originaltreu wieder aufgebaut.

Gelassener Kuralltag auf der Hauptstraße in Jūrmala

Charakteristisch für die Architektur Jūrmalas sind die Dach- und Fassadenschnitzereien

Tourismusinformation
Lienes iela 5, Majori
LV-2015 Jūrmala
✆ 714 79 00, Fax 714 79 01
www.jurmala.lv
Mo–Fr 10–19, Sa 10–17, So 10–15 Uhr

Aquapark »Livi«
Viestura iela 24, Lielupe
Jūrmala
✆ 775 56 36
www.akvaparks.lv
Mo–Fr 12–22, Sa 11–22, So 11–21 Uhr, Eintritt: 1–7 LVL
Der Aquapark ist der größte seiner Art im Norden Europas. Fünf unterschiedlich lange Wasserrutschen, Sprudelbäder, eine Wasserbar, Außenbecken, Solarium, Massage, Sauna sowie Restaurant und Bistro gehören zum abwechslungsreichen Angebot für die Gäste. Neben Schwimmbecken, Springbrunnen, Kinderbecken und Liegewiesen gibt es auch ein Café und eine Anlegestelle für Wasserfahrräder. Im Winter können sich die Gäste auf einer Eislaufbahn vergnügen.

F6

Flaniermeile
Jomas iela, Jūrmala
Die Jomas iela mit ihren historischen Holzbauten ist die wichtigste Straße Jūrmalas und zugleich beliebte Flaniermeile von Einheimischen und Touristen. Es gibt unzählige Cafés, Restaurants und Hotels. Oft wird Live-Musik gespielt, und die Menschen sitzen auf den offenen Terrassen. Ein Anziehungspunkt ist der Horn-Garten, in dem 1870 das erste Hotel Majoris gebaut wurde und in dem bedeutende Konzerte stattgefunden haben.

Freilichtmuseum Jūrmala/ Jūrmalas brīvdabas muzejs
Tiklu iela 1 a, Lielupe, Jūrmala
✆ 775 49 09, www.jurmalamuzejs.lv
Di–So 10–18 Uhr, Eintritt 1 LVL, Di frei
Das Freilichtmuseum befindet sich auf dem einstigen Fischerhof aus dem 19. Jh. und beherbergt aus verschiedenen Fischerdörfern Jūrmalas zusammengetragene Gebäude wie Wohnhäuser, Kornspeicher, Schuppen für Fangnetze und Wagen, Räucherhäuser und ein Dampfbad. In der Werkstatt des Seildrehers ist die größte Seil-

Die Frau aus Jūrmala
Ein erfrischender Cocktail von der baltischen Küste ist die »Frau aus Jūrmala«. Er besteht aus dem frisch gepressten Saft einer Zitrone, Grenadinensirup, Weinbrand und Orangenlikör.

sammlung Lettlands zu sehen. Bei rechtzeitiger Anmeldung werden Führungen durch das Freilichtmuseum sowie eine Mahlzeit mit geräuchertem Fisch und lettischem Bier organisiert. Die Gäste können Seile drehen und Knoten binden.

Roter Klatschmohn

Ķemeri-Nationalpark/
Ķemeru Nacionālais parks
Meža māja (Waldhaus)
Ķemeri, Jūrmala
✆ 773 00 78 und 714 68 19
www.kemeri.gov.lv

F5/6

Öffnungszeiten des Informationszentrums: 1. Mai–1. Okt. tägl. 9–18 Uhr
Der Park ist Lebensraum für geschützte Pflanzen, die im Lettischen Roten Buch eingetragen sind, und verschiedene, in Europa selten gewordene Vogelarten wie Kraniche, Seeadler und Schwarzstörche.

Der 380 km² große Nationalpark wurde 1997 gegründet, um die einzigartige Natur mit ihren Schwefelsümpfen, Mineralwasserquellen, heilenden Mooren, Lagunen und Binnendünen zu schützen. Im Park sind mehrere Naturschutzgebiete vereint: das Flusstal der Slocene, die Schwefelquellen des Grünen Moors, die unterirdischen Dünen, der Sandstrand mit den Dünen, der Valguma-See, das große Hochmoor von Ķemeri (Lielais Ķemeru tīrelis) und der Kaņieris-See.

Zum Wandern und Erholen an frischer Luft gibt es fünf verschiedene Naturpfade, die sich in ihrer Pflanzen- und Naturwelt voneinander unterscheiden. Man kann sie allein oder geführt erkunden. Das Informationszentrum organisiert auch spezielle Veranstaltungen für Naturfreunde.

Auf Bohlenwegen durch den Ķemeri-Nationalpark

Dörfliches Leben nördlich von Liepāja

F5/6

Die Naturpfade

Ķemeri-Hochmoor (3 km langer Holzsteg durch das große Moor)
Naturpfad Dumbrājs
Naturpfad am Sloka-See (1 km langer Holzsteg; Besichtigung der Schwefelquellen)
Am Schwefeltümpel entlang
Naturpfad der Kaņieris Burgruine
Außerdem gibt es gut ausgebaute Fahrradwege und die Möglichkeit einer vier Stunden langen Bootsfahrt auf der Slocene bis zum Kaņieris-See.

F6

Konzertsaal in Dzintari
Turaidas iela 1, Dzintari, Jūrmala
© 776 20 05 (Buchungen), 776 20 86 (Büro)
www.dzk.lv

Der beliebte Konzertsaal befindet sich in einem Anfang des 20. Jh. errichteten Holzbaudenkmal. Seit 1891 finden hier Konzerte statt. Eigens für die Hochzeit der Zarentochter Maria mit dem Herzog von Edinburgh wurde 1897 eine Theaterbühne gebaut, auf der regelmäßig Varieté-Theatergruppen und kleine Orchester auftraten. 1960 wurde neben dem Gebäude eine Freilichtbühne errichtet, womit der Konzertsaal weiter an Bedeutung gewann. Heute finden hier Konzerte für Kammermusik, leichte Muse und Bühnenmusik statt.

Naturpark Ragakāpa (dt. Horndüne)
Bulduri, Lielupe, Jūrmala
© 775 49 09
Der Park befindet sich neben dem Freilichtmuseum von Jūrmala. Hier gibt es über 300 Jahre alte Kiefernbestände, seltene Pflanzen- und verschiedene

Vogelarten. Ragakāpa ist die längste Düne Lettlands mit einem 800 m langen und 100 m breiten Dünenwall. Der Naturlehrpfad besteht aus einem Pflanzen-, Kiefern-, Insekten und Landschaftspfad.

Oldtimer-Ausstellung/Seno spēkratu izstāde
Turaidas iela 11, Dzintari, Jūrmala
✆ 926 33 29, Mai–Okt. Mi–So 12–18 Uhr
Eintritt 0,50/1,50 LVL
Hier können alte Fahrzeuge, Motorräder mit und ohne Seitenwagen z.B. der Marken Mercedes und Lincoln bestaunt werden. Das älteste Modell stammt von 1907.

Stadtmuseum Jūrmala/Jūrmalas pīlsetas muzejs
Tirgoņu iela 29, Majori, Jūrmala
✆ 776 47 46, jurm-muz@lat.net.lv
Mi–So 10–17 Uhr, Eintritt 0,50–2 LVL, Fr frei
Das Museum präsentiert die Geschichte des Kurorts von Ende des 19. Jh. bis zur Gegenwart. Sehenswert ist eine Auswahl historischer Bademode.

Liepāja

G1

Liepāja liegt 223 km westlich von Riga und ist mit 85 000 Einwohnern die drittgrößte Stadt Lettlands. Die eisfreie Hafenstadt entstand an der Mündung des Flusses Liva in die Ostsee. Der Ort Liva, später Libau, wurde erstmals 1253 erwähnt; der Name Liepāja ist seit 1560 dokumentiert. Das Stadtrecht wurde 1624 durch Herzog Friedrich Kettler von Kurland verliehen. Bereits 1893 fuhr hier die erste Straßenbahn Lettlands.

Das Stadtbild ist bis heute maßgeblich vom Wirken des deutschen Architekten Max Paul Bertschy geprägt. Der 1840 in Berlin geborene Bertschy absolvierte unter Friedrich Schinkel in Deutschland eine hervorragende Ausbildung, machte sein Examen an der Kaiserlichen Kunstakademie in St. Petersburg und ging 1871 nach Liepāja, wo er bereits ein Jahr später zum Hauptarchitekten ernannt wurde.

Die Stadt hat ihm u.a. die **Dreifaltigkeitskirche**, das **Rathaus** und das **Museum für Kunst und Geschichte** zu verdanken.

Liepāja verfügt über einen **Handels-** und einen **Kriegshafen**. Beide haben Entwicklung und Schicksal der Stadt auf ihre Weise geprägt. Der Handelshafen hatte bis

Der rot-weiße Leuchtturm von Liepāja

Architektur in der Altstadt von Liepāja

zum Zweiten Weltkrieg große Bedeutung als »Tor zur Welt« und brachte Handel, Industrie und damit auch Wohlstand nach Liepāja. Der **Kriegshafen (Karosta)** war im Ersten und Zweiten Weltkrieg und während der 50-jährigen Sowjetbesatzung ein wichtiger Marinestützpunkt. Liepāja durfte in dieser Zeit nur mit gültigem Passierschein betreten werden. Trotz sichtbarer Anstrengungen wird es noch eine Zeit dauern, bis die Stadt wieder an ihre Bedeutung als Hafenstadt anknüpfen kann.

Eine Institution in der Kulturszene Lettlands ist Liepāja nicht zuletzt durch die rege Kultur- und Theaterszene. Legendär ist das jährlich im März stattfindende Festival der Pianostars, an dem die weltbesten Pianisten teilnehmen.

Tourismusinformation
Rožu laukums 5/6, LV-3401 Liepāja
✆ 348 08 08, Fax 348 08 07, www.liepaja.lv
Mai–Sept. Mo–Fr 9–19, Sa 10–18, So 10–15, Okt.–April tägl. 9–17 Uhr

Fremdenverkehrsamt Niederkurland
Liela iela 11, Liepāja
✆ 348 08 08, www.liepaja.lv

Bernstein

Einst wurde die Strecke zwischen Istanbul und Riga »Bernsteinstraße« genannt, und noch heute befinden sich im Baltikum etwa 80 Prozent des globalen Bernsteinvorkommens. Der lettische Bernstein ist ein fossiles Harz der baltischen Kiefern. Jeder Sturm trägt Bernstein an die Küste, und der aufmerksame Strandwanderer hat gute Chancen, ein Stückchen davon zu finden, das dann immerhin zwischen 30 und 50 Millionen Jahre alt ist.

Jeder Sturm spült Bernstein an die lettische Küste

Die alten Griechen machten eine der ersten Erfahrungen der Menschen mit der Elektrizität, als sie feststellten, dass sich Bernstein beim Reiben mit einem Stück Stoff statisch auflädt. Die längste Bernsteinkette der Welt, mit einer Länge von 123 m und einem Gewicht von 60 kg, kann in Liepāja besichtigt werden.

Dreifaltigkeitskirche/Sv. Trīsvienības baznīca
Lielā iela 9, Liepāja
✆ 591 44 56
Das Wahrzeichen der Stadt ist die spätbarocke evangelische Dreifaltigkeitskirche (1758). Die dreischiffige Kirche wurde von der deutschen Gemeinde erbaut und reich mit Zierrat aus Sandstein versehen; ihre Orgel war mit 131 Registern und mehr als 7000 Pfeifen von 1885–1912 die größte der Welt und ist auch heute noch eine der größten in Europa. In der Dreifaltigkeitskirche hat das finnische Jägerbataillon 1918 die Treue für das unabhängige Finnland geschworen.

Galerie Maja
Vecā Ostmala 24, Liepāja
✆ 914 46 49
Di–Fr 11–19, Sa/So 11–15 Uhr, Mo geschl.
Die Galerie ist mit 450 m² Ausstellungsfläche die größte Lettlands. Sie befindet sich in einem ehemaligen Hafenspeicher, der aufwendig modernisiert wurde. Verschiedene Ausstellungen. Informationen zur Kunst aus Liepāja und überregionaler Kunst.

Kriegshafen/Karosta
Liepāja
Das selbstständige Stadtviertel liegt nördlich des Zentrums und ist von dort mit den Bussen Nr. 3, 4, 7, 8 oder mit den Kleinbussen 1, 3 und 6 zu erreichen. Der Kriegshafen entstand Ende des 19., Anfang des 20. Jh. und ist heute als Stadtviertel von architektonischen und kulturellen Kontrasten geprägt: Festungsruinen in den Hafenanlagen, vornehme Offiziersvillen, eine orthodoxe Kirche und sozialistische Plattenbauten.

5 Marinegefängnis/Karostas cietums
Karostas cietums – Jūras virssardze, Invalīdu iela 4
Liepāja
✆ 636 94 70
www.karostascietums.lv
Mai–Sept. tägl. 10–18 Uhr, Okt.–April auf Anfrage
Besichtigung 2 LVL (in Fremdsprachen), Besichtigung mit Überraschungen 3–7 LVL, Aufführung »Hinter Gittern« 5–9 LVL (in Fremdsprachen)
Übernachtungen 8 LVL, Extreme Übernachtungen 10 LVL
Im Marinegefängnis ließ 1905 der Zar Teilnehmer der Matrosenaufstände einsperren, hier wurden von der deutschen Wehrmacht Deserteure hingerichtet und nach 1945 unterstand es dem KGB. Viele Häftlinge verließen den grausamen Ort psychisch und physisch gebrochen.

Heute sind in dem Gebäude ein Museum und eine Herberge untergebracht. Etwas skurril muten die beiden Übernachtungskategorien an: normal (in Zellen mit Sträflingskleidung) und extrem (in Zellen, mit Sträflingskleidung und nächtlichem Besuch von »Ehrenamtlichen

Wenig bekannt ist, dass Rolf Kahn, Vater des deutschen Ex-Nationalkeepers Oliver Kahn, am 9.12.1943 im lettischen Liepāja geboren wurde. Der hoch talentierte Linksaußen spielte 1961 und 1962 in der Jugendnationalmannschaft.

in Uniformen der sowjetischen Armee, die mit den Gästen hartes Gefängnisleben spielen«).

Strandpark (Jūrmalas parks)/Piejūras parks
Der Strandpark ist ein 3 km langer und 50 ha großer Park mit 112 verschiedenen Baum- und Buscharten. 1870 wurde mit der Pflanzung der ersten Linden um das damalige Badehaus begonnen. Bereits Ende des 19. Jh. wohnten die Reichen von Liepāja hier in Villen und Einfamilienhäusern. 1902 wurde ein neues Badehaus mit Säulen im dorischen Stil nach Entwürfen von Bertschy gebaut. Sponsor war Zar Alexander II., als Dank für die Heilung seines Sohnes Nikolai in Liepāja.

Neben verschiedenen Sportmöglichkeiten und Biergärten gibt es im Park eine Open-Air-Konzertbühne (»Pūt Vējini«) auf der alljährlich im August das älteste Rockfestival Lettlands, *Liepājas Dzintar* (Bernstein Liepājas), stattfindet. 2006 feierte das Festival sein 30-jähriges Jubiläum.

Museum für Kunst und Geschichte/
Vēstures un mākslas muzejs
Kūrmājas prospekts 16, Liepāja
✆/Fax 324 29 73, www.liepajasmuzejs.lv

Von ökonomischer Bedeutung für die Region: der eisfreie Handelshafen Liepāja

Mi–So 10–18, Fr 11–19 Uhr, Mo/Di geschl.
Eintritt frei
Das Museum befindet sich seit 1935 in einem nach Entwürfen von Max Paul Bertschy 1901 errichteten Gebäude. Es beherbergt mehr als 100 000 Exponate und zeigt Ausstellungen zur Geschichte der Region. Eine davon beschäftigt sich mit der deutschen Vergangenheit der Stadt. Mit Voranmeldung können auch Führungen in englischer Sprache und individuelle Autotouren gebucht werden. Die Innenausstattung des Museums verblüfft durch das wunderschöne Kiefernholz.

Vor der Markthalle in Liepāja

Petermarkt
Kuršu iela 5–9, gegenüber der St.-Josef-Kathedrale Liepāja
Der Petermarkt ist seit seiner Eröffnung 1910 der größte Markt in Liepāja. Es gibt heimisches Obst und Gemüse in reicher und farbenfroher Auswahl zu kaufen.

Rathaus
Rožu iela 6, Liepāja
Das Rathaus befindet sich am höchsten Punkt Liepājas, 10 m über dem Meeresspiegel. Das 1889 als Gerichtsgebäude nach Plänen von Bertschy im eklektizistischen Stil erbaute Haus beherbergt heute die Stadtverwaltung.

Rosenplatz/Rožu laukums
Liepāja
Der Platz im Zentrum der Stadt ist ein traditioneller Treffpunkt (seit 1912). Die Rekonstruktion erfolgte 2000. Später wurden auf der Einfassung des Rosenbeetes noch Gedenktafeln der Partnerstädte Liepājas angebracht.

St. Annenkirche/Sv. Annas baznīca
E. Veidenbauma iela 1, Liepāja
✆ 922 75 66

Eklektizismus
Mit diesem Begriff (griechisch: ausgewählt) wird eine künstlerische Ausdrucksweise bezeichnet, die bereits entwickelte und abgeschlossene Kunstleistungen verwendet. Seit Beginn des Klassizismus ist der Eklektizismus charakteristisch für die europäischen Stilepochen.

Im Angebot auf dem Petermarkt in Liepāja: frische Walderdbeeren

Die evangelische St. Annenkirche (1587) am Kuršu laukums (Kurenplatz) mit prunkvoll verziertem Altar und gewaltigem, barockem, knapp 10 m hohem und dreistöckigem Altaraufsatz aus dem 17. Jh. ist die älteste Kirche der Stadt. Ihr heutiges Aussehen mit dem 60 m hohen Turm bekam sie 1872/73 nach Plänen von Bertschy. Hier steht die drittgrößte Orgel Lettlands.

G1

St.-Josef-Kathedrale/Sv. Jāzepa katedrāle
Rakstvežu iela 13, nahe Alter Marktplatz, Liepāja
Die katholische St.-Josef-Kathedrale (1762) ist die größte katholische Kirche der Stadt. Hier hat der Bischof von Kurzeme seinen Sitz.

Hotel-Gästehaus Roze
Rožu iela 37, Liepāja
✆ 342 11 55, Fax 342 12 55, www.parkhotel-roze.lv
Die Pension am Rande des Stadtparks hat 8 stilvoll eingerichtete Zimmer (DZ 21–44 LVL) und 2 Apartements. Mit Café-Bar, Sauna und schöner Aussichtsterrasse.

Restaurant »Vecais Kapteinis«
Dubelšteina iela 14, Liepāja
✆ 342 55 22, www.vecaiskapteinis.lv
Tägl. 12–1 Uhr, Sa-Abend gibt es Live-Musik
Das antike, geschmackvolle Restaurant befindet sich in einem denkmalgeschützten Haus aus dem 18. Jh. im historischen Hafenviertel. Spezialität sind die über Holzfeuer zubereiteten Grillgerichte. €

Club »Fontaine Palace«
Dzirnavu iela 4, Liepāja
✆/Fax 348 85 10
www.fontaine.lv
In einem ehemaligen Speicher aus dem 18. Jh. eingerichteter cooler Club inklusive Café mit Hafenblick. Am Wochenende gibt es Live-Musik. So Jazz und Blues. An Wochentagen freier Eintritt.

Lettlands erstes Rockcafé und Musikclub »Pablo«
Stendera iela 18/20, Eingang von der Zivju iela
Liepāja
✆ 348 15 55, www.pablo.lv
Mit vielen Geschenken lettischer Künstler und Musiker ausgestattetes trendiges Rockcafé.
Essen bis vier Uhr morgens. Dachcafé Zvaigžnu dārzs zum *chill out* nach heftigem Abtanzen oder Flirten bestens geeignet. Im Juli Baltic Beach Party. €

Stadttheater Liepāja
Tēatra iela 4, Liepāja
✆ 342 21 21, www.liepajasteatris.lv
Kasse: Di–So 12–18 Uhr, Eintritt 2–8 LVL

Das Theater wurde von 1912–14 mit der finanziellen Unterstützung wohlhabender städtischer Unternehmer erbaut. Es ist das älteste professionelle Theater Lettlands und hat innerhalb der Landesgrenzen einen sehr guten Ruf. 2007 feiert die Bühne ihr 100-jähriges Jubiläum.

Für ein kleines Päuschen empfiehlt sich das **Theatercafé** »Būt vai nebūt« (dt. Sein oder Nichtsein), in das man von der Skolas iela über den Seiteneingang des Theaters gelangt. Hier verkehren lettische Künstler und Schauspieler, und man kann in gemütlicher Atmosphäre essen und trinken. Das Café hat täglich ab 9.30 Uhr geöffnet und schließt erst, wenn der letzte Gast gegangen ist.

Strand
Liepāja

Der weiße, von Küstenkiefern gesäumte feinsandige Strand mit seinen herrlichen Naturdünen lockt viele Erholungssuchende an. Vom Stadtzentrum ist er in wenigen Minuten zu Fuß zu erreichen, und die Blaue Flagge signalisiert gute Wasserqualität. Mit ein wenig Glück kann man Bernstein finden.

Eher die Regel: bewohnte Storchennester auf lettischen Schornsteinen

Das Naturschutzgebiet Pape: ein Aussichtsturm dient zum Beobachten von Zugvögeln

Veranstaltungen in Liepāja

März	Stadtjubiläum Festival der Pianisten
letzter Samstag im Mai	Jahrmarkt der Kunsthandwerker »Līvas Tirgus«
Juli	Baltic Beach Party, Meeresfest, Blumenfest, Künstlerfest, Liederfest der Brauerei »Līvu alus«, Internationale Rallye »Kurzeme«
zweite Augustwoche	Festival der Rockmusik »Liepājas Dzintars« (www.liepajasdzintars.lv)
September	Internationales Festival der Orgelmusik.

H/J1

Umgebung Liepāja

Pape-Naturpark/Papes dabas parks
Etwa 35 km südlich von Liepāja, über die A11
Rucavas papasts, Pape
✆ 948 97 75, www.pdf-pape.lv
Juni–Sept. tägl. 10–18 Uhr, Eintritt: 1/2 LVL
Das Naturreservat zählt zu den bemerkenswertesten Ökosystemen Lettlands. In der Umgebung des Pape-Sees sind ca. 270 verschiedene Vogelarten mit insgesamt etwa 100 000 Exemplaren registriert.

Das über 50 000 ha große Reservat steht unter dem Schutz des WWF (World Wide Fund for Nature) Dänemark. Der flache Lagunensee mit seinem üppigen Schilfbewuchs ist ein idealer Lebensraum und Nistplatz für Stand- und Zugvögel. Rings um den See sind verschiedene Stationen sowie ein Beobachtungsturm eingerichtet. Die beste Zeit zur Beobachtung des Vogelzugs ist von August bis Mitte November.

Im **Naturhaus »Dabas Māja«** hat der WWF eine ständige Ausstellung zur Ökologie des einzigartigen Gebiets eingerichtet (✆ 349 48 59, pape@inbox.lv). Anschauliche Informationen sollen das Verständnis für die Natur wecken und fördern. Man erfährt z.B. wie der See entstanden ist, wie Biber leben und wie man Vögel nach Aussehen oder Gesang bestimmen kann. Für Kinder und Erwachsene gleichermaßen sehr spannend!

Ferner befindet sich in der Nähe des Pape-Sees das 1967 erbaute **Ornithologische Institut Pape.** Dort werden jährlich von August bis November die durchfliegenden Vögel gezählt. Führungen sind möglich (englisch). Anmeldung: ✆ 340 03 41, jbaumains@email.lubi.edu.lv.

Der Park bietet jedoch noch weitere Attraktionen. In den Wiesen um den Pape-See weiden **Wildpferde, Auerochsen** und **Wisente**, die 1999 beziehungsweise 2004 erfolgreich angesiedelt wurden. Die Tiere haben sich mittlerweile an das Leben in der Wildnis angepasst und kommen ohne menschliche Betreuung aus. Altes Volksliedgut und archäologische Ausgrabungen zeigen, dass schon früher Wildpferde in Lettland gelebt haben müssen. Besichtigungen sind nur mit Führung möglich.

Bauska

Die kleine Stadt mit knapp über 10 000 Einwohnern liegt 70 km südlich von Riga in der Region Semgallen/Zemgale, am Zusammenfluss von Mūsa und Mēmele zur Lielu-

In den Wiesen um den Pape-See weiden Wildpferde

Rokoko-Gemach auf Schloss Rundāle

pe. Bauska wurde 1443 wurde vom Deutschen Orden gegründet und erhielt im Jahre 1609 Stadtrecht.

Im Stadtzentrum stehen noch ein paar alte Holzhäuser, und vom Turm der Ordensburg-Ruine kann man den schönen Blick auf die Umgebung genießen. Liebhaber alter Musik besuchen allsommerlich die Klassikfestivals der umliegenden Schlösser. Bekannt ist Bauska hauptsächlich durch das in seiner Nähe befindliche imposante Schloss Rundāle (Rundāles pils).

H7

Touristeninformation
Kalna 6a, LV-3901 Bauska
✆ 392 37 97, www.tourism.bauska.lv
Mai–Sept. Mo–Fr 9–18, Sa/So 10.30–15.30, Okt.–April Mo–Fr 9–17 Uhr

H6

6 Barockschloss Rundāle/Rundāle pils
Pilsrundāle, Bauskas rajons

Architekt und Baumeister im Auftrag des Zaren: Bartolomeo Francesco Rastrelli

Bartolomeo Francesco Rastrelli (1700–71)
Der russische Architekt und Baumeister wurde in Paris geboren und kam 16-jährig mit seinem Vater nach Russland, wo dieser als Architekt und Bildhauer für Peter den Großen tätig war. Nach Auslandsaufenthalten in Deutschland, Frankreich und Italien kehrte der Sohn 1730 nach Russland zurück und wurde zum Hofarchitekten ernannt. Von ihm stammen viele Barockwerke in St. Petersburg: z. B. der Katharinenpalast in Zarskoje Selo, der Große Palast vom Peterhof, das Winterpalais (Eremitage) und die kurländischen Schlösser seiner Jugend in Rundāle und Jelgava.

Ernst Johann von Biron (1690–1772)
Der Herzog von Kurland und Semgallen war ein enger Vertrauter von Zarin Anna und einer der mächtigsten Männer im Russischen Reich, als diese 1730 Zarin wurde. Von ihr erhielt er neben Geldern für seine kurländischen Schlösser auch Orden und höfische Würden. Er galt als prachtliebend und grausam, der persönliche Gegner verfolgte und viele Menschen hinrichten ließ. Nach dem Tod der Zarin rächte sich der russische Adel für seine Habgier. Er wurde 1740 in Schlüsselburg wegen Hochverrats verurteilt und mit der ganzen Familie nach Sibirien verbannt. Dort verbrachte er ein Jahr und kam dann nach Jaroslawl. 1762 wurde die Verbannung aufgehoben. Ab 1763 war er wieder Herzog von Kurland. Dieses Amt übergab er 1769 seinem ältesten Sohn Peter.

✆ 396 22 74, www.rundale.net
Mai–Okt. tägl. 10–18, Park 10–19, Nov.–April tägl. 10–17 Uhr, Eintritt 1,50–3,50 LVL
Dieses traumhafte Zeugnis aristokratischer Architektur in Europa wurde vom russischen Hofarchitekten Bartolomeo Rastrelli 1736–1767 für den Herzog Ernst Johann von Biron erbaut. Es diente dem kurländischen Herzog als Sommerresidenz. Bis 1920 war das Barockschloss im Besitz wechselnder kurländischer und russischer Adliger. Unübersehbar ist die Ähnlichkeit zu den Schlössern in und um St. Petersburg, was nicht verwundert, da dort noch heute viele Sehenswürdigkeiten, darunter das Winterpalais, Rastrellis Handschrift tragen.

Die Letten nennen das Schloss »Klein Versailles«, weil es nach französischem Vorbild mit drei Flügeln, einer herrschaftlichen Treppe und mehreren Galerien angelegt wurde. Es beeindruckt auch durch die liebevolle Restaurierung der 138 Räume, zumeist im Stil des Rokoko. In Filzschuhen kann man mit und ohne Führung die prachtvollen Empfangsräume erkunden. Besonders beeindruckend ist der Goldene Saal.

Wer sich einen ganzen Tag Zeit für Rundāle nimmt, kann den herrlich angelegten Schlosspark erkunden, im

Einst war Schloss Rundāle ein Tummelplatz für den Hochadel

Schlossrestaurant die internationale Küche probieren und sich auch die Ausstellung zur Schlossgeschichte und zur Familie Biron ansehen. Es sind Kunstwerke europäischer und östlicher Kunst aus vier Jahrhunderten sowie Gewänder aus dem 17. und 18. Jahrhundert ausgestellt.

Zwar hat Rundāle den Zweiten Weltkrieg schadlos überstanden, aber die Nutzung als Kornspeicher in den Nachkriegsjahren hat ihre Spuren hinterlassen. 1972 wurde das Schlossmuseum gegründet und es begann eine bis heute andauernde, umfassende Restaurierung.

H7

Schloss von Bauska
Pilskalns, Bauskas rajons
✆ 392 22 80, www.bauskaspils.lv
Di–So Mai–Sept. 9–17, Okt. 9–16, Nov.–April 11–15 Uhr
Eintritt 1,50/3 LVL, Führungen 15–20 LVL
In den Innenhöfen der aus dem 15./16. Jh. stammenden Burg findet jährlich ein Festival für klassische Musik statt.

Schloss Mežotne
Mežotne
✆ 396 07 11
www.mezotnepils.lv
Tägl. 8–17 Uhr
Eintritt 1/1,50 LVL, Führungen 5–10 LVL

Schloss Jelgava wurde nach Entwürfen des Hofarchitekten des russischen Zaren, Rastrelli, erbaut

Das im neoklassizistischen Stil zwischen 1798 und 1902 erbaute Schloss ist ein Geschenk der russischen Kaiserin Katharina II. an die Fürstin Charlotte von Lieven. Charlotte war von der Kaiserin zur Erziehung für den Thronfolger Pavil angestellt worden. Zum Dank dafür gab es ein Schloss. Rings um das Schloss ist ein herrlicher englischer Landschaftspark angelegt. Im Schloss selbst befindet sich ein exklusives Hotel mit Seminarräumen und einem Café.

Jelgava

G6

44 km südwestlich von Riga liegt die 66 200-Einwohner-Stadt in einer fruchtbaren Ebene am rechten Lielupe-Ufer. Jelgava war bis 1919 Hauptstadt von Kurland und ist noch heute ein wichtiger Eisenbahnknotenpunkt und Markt für Holz und Getreide. Die Stadt wird vom nach Jakob Kettler benannten Jakobskanal umgeben.

Bekannt ist Jelgava vor allem wegen des prächtigen Schlosses am rechten Ufer der Lielupe. Die in zwei Etappen, 1738–40 und 1762–72, erbaute Winterresidenz des Herzogs von Kurland, Ernst Johann von Biron, wurde nach Entwürfen des St. Petersburger Hofarchitekten Bartolomeo Francesco Rastrelli errichtet. Ursprünglich bestand

das Schloss aus drei U-förmigen Gebäuden. 1937 baute man anstelle der früheren Pferdeställe ein viertes Gebäude, um damit den Innenhof zu schließen.

Im Zweiten Weltkrieg wurden Jelgava und das Schloss in den erbitterten Kämpfen zwischen der Roten Armee und der deutschen Wehrmacht, die die Stadt seit 1941 besetzt hielt, fast völlig zerstört.

In den Jahren der sozialistischen Sowjetrepublik Lettland wurde das Schloss – allerdings nicht originalgetreu – wieder aufgebaut. Die Lage an der Lielupe und der Blick vom jenseitigen Ufer auf das Schloss sind noch immer einzigartig. Seit 1740 sind im Untergeschoss die Sarkophage der kurländischen Herzöge untergebracht (Besichtigung möglich).

Im Schloss, das zum größten Teil von der Lettischen Universität für Landwirtschaft genutzt wird, befindet sich auch ein Museum.

Wahrzeichen der Stadt ist die **Barockkirche der Heiligen Anna**. Sehenswert sind auch der Turm der zerstörten Dreifaltigkeitskirche, die Villa Medema und die Academia Petrina.

Touristeninformation
Liela iela 11, LV-3001 Jelgava
✆ 300 55 22, www.jelgava.lv
Mo 8–19, Di–Do 8–17, Fr 8–14.30 Uhr

Schloss Jelgava/Jelgavas pils
Liela iela 2, Jelgava
✆ 300 56 17, www.jelgava.lv
Mo–Fr 10–16 Uhr, Sa/So nach Voranmeldung

Im grandiosen Gauja-Urstromtal

7 Sigulda

E8

Das malerische Städtchen liegt am Ostufer der Gauja in der Region Livland/Vidzeme und ist das touristische Zentrum des **Gauja-Nationalparks**. Der Park wird jährlich von etwa 1,5 Millionen Touristen besucht. Obgleich Sigulda bereits seit 1207 bekannt ist, hat der Ort mit seinen ca. 15 000 Einwohnern erst seit 1928 Stadtrecht.

In Lettland der Vogel des Jahres 2006: der Turmfalke

Anzutreffen im Gauja-Nationalpark: die tagaktive Sperbereule

Archäologische Funde belegen, dass schon vor unserer Zeitrechnung finno-ugrische Stämme in der Region lebten. Nach der Eroberung durch die Kreuzritter wurde im 13. Jahrhundert am Gauja-Ufer eine Ordensfestung errichtet. Im 16. Jahrhundert war die Stadt zunächst von Russland, dann von Schweden und später von Polen besetzt. Großes Leid brachten der Nordische Krieg und die Pest, der über die Hälfte der Bevölkerung zum Opfer fiel. Im Ortsteil Tuereida lohnt die restaurierte Burg einen Besuch.

Touristeninformation
Raiņa iela 3, LV-2150 Sigulda
✆ 797 13 35, Fax 797 13 72, www.sigulda.lv
Mitte Mai–Sept. 9–19, Okt.–Mitte Mai 9–17 Uhr

8 Gauja-Nationalpark/ Gaujas nacionālais parks

D/E 8/9

Besucherzentrum
Baznīcas iela 7, Sigulda
✆ 780 03 88, 933 54 46, www.gnp.lv
Mai–Okt. Mo–Fr 9–18, Sa/So 9–19, Nov.–April tägl. 9–17 Uhr, Eintritt 0,50/1 LVL

Der rund 90 000 ha große Nationalpark wurde 1973 als der erste Lettlands eröffnet. Naturliebhaber kommen angesichts der großen Naturvielfalt (900 Pflanzenarten, 149 Vogel- und 48 Wildtierarten), der dichten Wälder und malerischen Flüsse (Gauja, Amata und Brasla) voll auf ihre Kosten. Aktivurlauber finden ebenfalls ein reiches Angebot wie zum Beispiel Gauja-Rafting, Fahrrad- und Wandertouren sowie verschiedene Wintersportaktivitäten.

Museum-Kulturschutzgebiet Turaida

E8

Turaidas iela 10, Sigulda

Die mittelalterliche Burg Turaida mit Blick auf das Tal der Gauja

Steinskulptur im Museumspark Turaida

✆ 797 14 02 oder 797 23 76
www.turaida-muzejs.lv
Mai–Okt. tägl. 10–18, Nov.–April tägl. 10–17 Uhr, Führungen in Deutsch 10 LVL
Mit ihren mächtigen Wehrtürmen thront die Burg hoch über der Gauja und bietet einen fantastischen Ausblick. Mit ihrem Bau wurde 1214 begonnen, nachdem die deutschen Kreuzritter die livische Burg an gleicher Stelle zerstört hatten. Seit 1976 werden in der Burg Restaurations- und Forschungsarbeiten durchgeführt.

E9

9 Cēsis

Cēsis ist mit seinen knapp 20 000 Einwohnern eine der lettischsten Städte des Landes. Das Städtchen im Gauja-Nationalpark präsentiert dem Gast geschichtliches und kulturelles Erbe, eine bezaubernde Landschaft und das beschauliche Leben einer Kleinstadt. Begünstigt durch seine Lage am Ufer der Gauja, über die die Handelsroute Riga–Tartu–St. Petersburg führte, entwickelte sich Cēsis schnell zu einer florierenden Handels- und im 14. Jh. zur Hansestadt. Die deutschen Schwertbrüder eroberten Cēsis im Jahr 1209 und errichteten eine Ordensfestung.

Iwan der Schreckliche wollte den livländischen Ordensstaat in seiner Nachbarschaft vernichten und belagerte 1577 die Ritterburg von Cēsis. Es wird erzählt, dass die Verteidiger sich und die Burg lieber selbst in die Luft sprengten, als in seine Hände zu fallen.

Cēsis ist stolz auf einen Sohn der Stadt: den lettischen Poeten Eduard Veidenbaum. Er gilt als Wegbereiter der Literatur des Nationalen Erwachens in Lettland.

Die einstige Hansestadt Cēsis um 1927

Noch heute vermittelt Cēsis mit seinen engen Gassen und Straßen und den vielen unter Denkmalschutz stehenden Häusern ein Hauch von Mittelalter.

Von den Gassen gelangt man in ruhige, wunderschöne Hinterhöfe, umgeben von zweistöckigen Häusern mit roten Giebeldächern. Ganzjährig wird die Stadt von zahlreichen Touristen besucht, die dort die historischen Zeugnisse einer spannenden Vergangenheit ebenso wie einen modernen Zeitgeist vorfinden. 2006 feierte Cēsis sein 800-jähriges Jubiläum.

Die auf dem Turm des Neuen Schlosses wehende Fahne erinnert daran, dass Cēsis die Heimat der **Nationalflagge** Lettlands ist.

i **Touristeninformation/Kutscherhaus**
Pils laukums 9
LV-4100 Cēsis

Die Rose von Turaida

Im Burgpark kommt man auf dem Weg zur Burg am vielbesuchten Grab der Rose von Turaida vorbei. Es gilt als Sinnbild wahrhaftiger Liebe und noch heute legen Frischvermählte hier Blumen nieder.

Eine Legende erzählt, dass der Burgschreiber 1601 auf der Suche nach den Überlebenden einer Schlacht ein Baby in den Armen seiner toten Mutter fand. Er gab ihm den Namen Maja und zog es wie ein eigenes Kind auf. Weil das Mädchen ausgesprochen schön war, wurde es Rose von Turaida genannt. Als Maja älter wurde, verliebte sie sich in Viktor, den Gärtner des Schlosses von Sigulda und beide wollten 1620 heiraten. Adam Jakubowsky, ein polnischer Adliger, lauerte ihr in der Gutmannhöhle auf, wo sie sich sonst mit Viktor traf, und wollte sie zwingen seine Frau zu werden. Maja bot ihm ihr Halstuch an, das seinen Träger unverwundbar mache, wenn er sie gehen ließ. Sie wies ihn an, die Wirkung des Halstuches an ihr auszuprobieren. Daraufhin nahm er ein Beil und schlug zu. Maja bezahlte mit dem Leben und hatte aber ihre Ehre gerettet.

Als Viktor am Abend in die Höhle kam fand er die Leiche seiner Verlobten. Nachdem er selbst zunächst unter Mordverdacht stand, konnte seine Unschuld vor Gericht dank Zeugen bewiesen werden. Er beerdigte seine Verlobte Maja bei der Burg und bepflanzte das Grab mit einer Linde. Dann verließ er die Gegend für immer. – Und noch heute rascheln die Zweige der Linde auf dem Grab!

Der Schwertbrüderorden
Zur Missionierung von Livland wurde der Schwertbrüderorden (Brüder der Ritterschaft Christi von Livland) 1202 von Albert I. von Riga gegründet. Er löste sich bereits 1237 nach einer schweren Niederlage gegen die Litauer auf.

Die Schwertbrüder mussten spartanisch und in Keuschheit leben und waren der jüngeren Templerregel sowie dem Ordensmeister zu Gehorsam verpflichtet. Der Orden unterschied zwischen Rittern, Priestern und dienenden Brüdern.

✆ 412 18 15, 28 31 83 18 (mobil)
www.tourism.cesis.lv
Das kleine Einzelgebäude am Ende von Stall und Remise war seit der zweiten Hälfte des 19. Jh. das Wohnhaus für den Kutscher. Heute beherbergt es das Touristeninformationszentrum, das über Sehenswürdigkeiten, Übernachtungsangebote und Veranstaltungen informiert, Landkarten verkauft und auch Hotelzimmer und Führungen bucht.

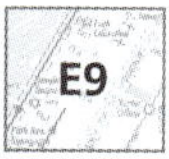

Mittelalterliche Burg
Pils laukums 11, Cēsis
✆ 412 18 15, Mi–So 10–17 Uhr, Eintritt 1,50/3 LVL
Das Gebäudeensemble kann mit und ohne Führung ganzjährig besichtigt werden. Führungen können über die Touristeninformation vorab gebucht werden (s.o.). Der Bau wurde 1207 begonnen und zog sich über 30 Jahre hin. Jahrhunderte lang war die Burg Sitz des Livländischen Deutschordensmeisters, dessen Zimmer sich im Westturm befand. In den Kriegen des 16. und 17. Jh. wurde die Burg stark in Mitleidenschaft gezogen und im Nor-

Eine der stärksten Festungen des Livländischen Ordens: Cēsis

Ausgedient: die Leninstatue wurde vom Hauptplatz von Cēsis in einen Bretterverschlag der Ordensburg verbracht

dischen Krieg so massiv beschädigt, dass sie nicht wieder aufgebaut wurde. Dennoch gehört die Ruine heute zu den besterhaltenen in Lettland.

In Trachten von Dienern gekleidet, weisen Führer Besuchern den Weg durch die Burgruine.

Neues Schloss/Jaunā pils
Pils laukums 9, Cēsis
✆ 412 18 15, www.tourism.cesis.lv
Mi–So 11–17 Uhr, Eintritt 1,50/3 LVL, Führung 20 LVL
Das Ende des 18. Jh. erbaute Schloss beherbergt seit 1949 das Museum für Geschichte und Kunst. Besucher können an Führungen teilnehmen und im Museum die Reichtümer des Schlosses bestaunen. Vom Turm hat man einen herrlichen Blick auf die Stadt.

Schmiede für alten Schmuck/Seno rotu kalve
Museumsgarten
✆ 915 84 36, www.cesis.lv/kalve
Mi–So 11–17 Uhr, Eintritt 0,50 LVL
Die Schmiede gibt einen Überblick über die Arbeiten altlettischer Schmuckschmiede, die Bedeutung des Schmucks

Die lettische Nationalflagge
Obwohl erst 1922 offiziell eingeführt, wurde das rot-weiß-rote Tuch bereits im Jahr 1270 erstmalig als Flagge Lettlands gehisst und ist somit eine der ältesten Nationalfahnen Europas. In der Sowjetzeit (1940–90) verboten, ist sie seit dem 27. Februar 1990 wieder die Nationalflagge Lettlands. Die rote Farbe steht für den Willen Lettlands, seine Freiheit zu verteidigen und symbolisiert das Blut, das einst ein lettischer König im Kampf gegen Eindringlinge verlor. Weiß symbolisiert das Laken, auf das sich der verwundete König zum Sterben legte. Das Blut färbte es links und rechts seines Körpers tiefrot – nur das Banner blieb weiß.

Der »Zeitenmann« in Cēsis

und seine traditionelle Verwendung. Nachbildungen können erworben werden.

E9

Ausstellungshaus/Cēsu Izstāžu nams
Pils laukums 3, Cēsis
✆ 412 35 57
Im ehemaligen Pferdestall mit Remise (1781) finden wechselnde Ausstellungen und Konzerte statt.

Brauerei Cēsis/Cēsu Alus darītava
Das alte Brauhaus aus dem Jahr 1878 ist ein Beispiel typischen Industriebaus gegen Ende des 19. Jh. Von dem Gebäude sind zwar nur die Außenmauern erhalten, doch auf dem Turm weht noch immer eine Wetterfahne. Es wird erzählt, dass früher anhand von Windstärke und -richtung die günstigsten Tage für die Malztrocknung ermittelt wurden.

Maipark/Maija parks
Aus Anlass der 800-Jahrfeier von Cēsis im Jahr 2006 wurde der Park komplett »runderneuert« und umgestaltet. Hinzu kam auch die Skulptur »Der Kampf mit dem Zentauren«.

Der Park mit Teich, Grünanlagen und Terrassen wurde im 19. Jh. angelegt, als es en vogue war, romantische Burgruinen in die Landschaft zu integrieren.

St. Johanniskirche/Sv. Jāņa baznīca
Skolas iela 8, Cēsis
✆ 412 44 48 oder 412 15 49
Die Kirche zeugt von Reichtum und Selbstbewusstseins der Bürger von Cēsis. Sie wurde Ende des 13. Jh. in der zu dieser Zeit blühenden Stadt als größte Kirche Nordlivlands erbaut. Die Orgel ist eine der besten Konzertorgeln des Landes.

Rigaer Straße
Die Hauptstraße von Cēsis schmückt sich mit wunderschönen, aus dem 13. Jh. stammenden Häusern und weiteren architektonisch beachtenswerten Gebäuden. Dazu gehören das **Rathaus** (Domes nams) in der Rigas iela 7, das **Kaufmannshaus** (Tirgotāja nams) in der Rigas iela 16 und das **Haus der Harmonie** (Harmonijas nams) in der Rigas iela 24.

»Der Lauf der Jahrhunderte«/Gadsimitiem ejot
Das ist der Name einer Skulptur des Bildhauers Matiass Jansons, die im Juli 2005 enthüllt wurde.

Die Bürger nennen sie den »Zeitenmann«; er soll den Sieg über das dunkle Mittelalter in Cēsis symbolisieren. Laut Volksglauben muss man dem Zeitenmann die Laterne reiben, um in die eigene Zukunft sehen zu können.

⑩ Ventspils

D2

Ventspils (dt. Burg an der Venta) liegt im Nordwesten Lettlands an der Mündung der Venta in die Ostsee, 189 km von Riga entfernt. In der 43 000 Einwohner zählen-

Alte Mühle im Freilichtmuseum der Küstenfischer in Ventspils

An der Mündung der Venta in die Ostsee: Ventspils

den Stadt hat sich in den letzten Jahren viel getan. Seit sie gut am russischen Öl verdient, wurde viel Geld in das Stadtbild und in den Umweltschutz investiert. Der Ostseestrand ist top und die Blaue Flagge signalisiert beste Wasserqualität.

Der ehemals zweifelhafte Charme einer Industriestadt mit dem größten Erdölhafen Lettlands ist nach und nach der Atmosphäre einer hübschen Kleinstadt mit frischen Farben und einer restaurierten Altstadt gewichen. Durch die günstige Lage und den eisfreien Hafen spielte Ventspils schon immer eine bedeutende Rolle. Inzwischen ist die Stadt auch ein beliebtes Touristenziel. Neben interessanten Kultur- und Sportveranstaltungen gibt es wunderschöne, gepflegte Park- und Flaniermeilen.

Touristeninformation
Dārza iela 6, LV-3601 Ventspils
✆ 362 22 63, www.tourism.ventspils.lv
Mai–Sept. 8–19, Okt.–April 8–17 Uhr

Nikolauskirche/Sv. Nikolas baznīca
Baznīcas iela 6, Ventspils
Die anmutige evangelische Kirche mit ihren weißen klassizistischen Säulen erinnert an einen griechischen Tempel.

Wie ein kleiner griechischer Tempel: die Nikolauskirche in Ventspils

Die Burg des Livländischen Ordens in Ventspils

Rathausplatz/Rātslaukums
Ventspils
Der Platz liegt im Herzen der Altstadt unweit von Markt, Burg und den kopfsteingepflasterten Gassen.

Livländische Ordensburg/Pils
Jāna iela 17, Ventspils
✆ 362 20 30, www.ventspilsmuzejs.lv, Di–So 9–18 Uhr
Die 1290 errichtete Festung des Livländischen Ordens wurde aufwendig restauriert und ist nun wieder stolzes Wahrzeichen der Stadt. Neben einem Museum mit einer landesweit einzigartigen digitalen Ausstellung zur Geschichte Lettlands gibt es ein behagliches Café.

Freilichtmuseum der Küstenfischer/ Ventspils jūras zvejniecības brīvdabas muzejs
Am Strandpark, Riņķa iela 2, Ventspils
✆ 362 44 67, tägl. 11–18 Uhr
Eine sehenswerte Ausstellung mit allem, was zum Leben lettischer Fischer gehört: Boote, Angeln, Reusen, Netze, Fischerkaten und eine Windmühle. Von Mai bis September fährt eine historische Schmalspurbahn durch das Museumsgelände.

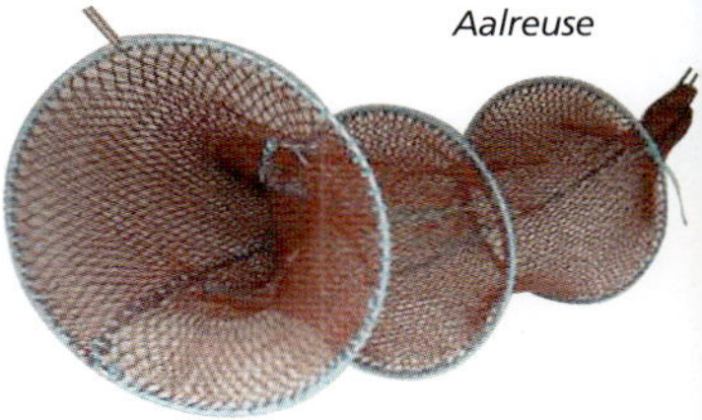

Aalreuse

Strand
Es gibt eine ausgewiesene FKK-Zone und spezielle Plätze für Surfer. ■

Service von A–Z

Lettland in Zahlen und Fakten:

Amtssprache	Lettisch
Hauptstadt	Riga
Staatsform	Parlamentarische Demokratie
Staatspräsident	Valdis Zatlers
Fläche	62 196 km²
Einwohnerzahl	2 261 300 (Stand Okt. 2010)
Bevölkerungsdichte	35 Einwohner pro km²
BIP/Einwohner	11 520 €(2010)
Unabhängigkeit	18. November 1918, 21. August 1991
Währung	Lats (LVL)
Zeitzone	MEZ + 2 Stunden
Nationalhymne	*Dievs, svēti Latviju* (»Gott segne Lettland!«)
Kfz-Kennzeichen	LV
Olympiakürzel	LAT
Internet TLD	.lv
Telefonvorwahl	+371

Anreise, Einreise

Anreise:

Lettland ist bestens zu erreichen: Schiff, Auto, Eisenbahn, Bus oder Flugzeug stehen zur Wahl, um die Anreise bequem und individuell zu gestalten.

Mit dem Auto:
Auf der E 67 (Via Baltica) kann man von Warschau aus via Bialystik/Suwalki den Grenzübergang nach Litauen bei Budzisko-Kalvarija passieren. Über Kaunas, Panevěžys und den littauisch-lettischen Grenzübergang Saločiai/Rupuļi geht es weiter nach Riga. Alternativen: von Kaunas über Ukmergě Richtung Daugavpils, über Klaipěda oder über Šiauliai.

Für die Einreise benötigt man eine **grüne Versicherungskarte**, die an der lettischen Grenze gekauft werden kann (www.autostrada.lv). Die Abfertigung an der Grenze geht schnell und komplikationslos.

Der **EU-Führerschein** wird in Lettland anerkannt. Inhaber älterer Führerscheine sollten einen internationalen Führerschein mitführen.

Mit der Bahn:
Es gibt gute internationale Bahnverbindungen von und nach Lettland. Informationen erhält man unter www.ldz.lv (Lettische Bahn) und www.pv.lv (Personenverkehr).

Ab Berlin-Lichtenberg besteht eine tägliche Verbindung nach Riga. Die Fahrt dauert etwa 28 Stunden. Der Nachtzug nach Vilnius (Litauen) führt einen Kurswagen nach Riga mit, Preis ca. € 150.

aE/aF5

Rigaer Hauptbahnhof: Stacijas laukums 2, Riga, Auskunft zu den Fahrplänen der Zugverbindungen im Inland: www.1188.lv, www.pv.lv, ✆ 723 21 35, Auskunft zu den Fahrplänen der Zugverbindungen im Ausland: ✆ 723 11 81, Schalteröffnungszeiten Inland 4.30–23.40 Uhr, Schalteröffnungszeiten Ausland 8–19 Uhr.

Mit dem Bus:
Die Hauptstadt Riga ist mit den meisten großen Städten Europas durch Buslinien verbunden (www.ecolines.lv, www.eurolines.lv). Der Busbahnhof in Riga wird von folgenden deutschen Städten aus angefahren: Aachen, Berlin, Bremen, Bonn, Düsseldorf, Dresden, Dortmund, Essen, Frankfurt, Hamburg, Hannover, Kassel, Kiel, Magdeburg, Mannheim, München, Münster, Nürnberg und Stuttgart.
Internationaler Busbahnhof von Riga: Pragas ielea 1, Riga, www.autoosta.lv, Auskunft ✆ 900 00 09, Fahrkartenreservierung ✆ 900 11 11 von 6–23 Uhr, Schalteröffnungszeiten 6–22.50 Uhr. aF5
Internationale Busgesellschaften:
Ecolines Lettland, A. Caka iela 45, Riga
✆ 67 21 45 12
www.ecolines.lv, 7–21 Uhr
Eurolines Lettland, Pragas iela 1, Riga
✆ 67 21 40 80
www.eurolines.lv, 9–19 Uhr
Nordeka, Dzirciema iela 121, Riga, ✆ 67 46 46 20
www.nordeka.lv

Vom Tourismus noch fast unberührt: die Seenlandschaft im Südosten Lettlands

Vor dem Zweiten Weltkrieg ein Tor zur Welt: Liepāja

Mit dem Schiff

An der mehr als 500 km langen Küste Lettlands gibt es zehn Häfen. Um das Land auf dem Seeweg zu erreichen, sollte man einen der großen Häfen in Riga, Ventspils oder Liepāja wählen.

Autofähren verkehren zwei- bis viermal in der Woche zwischen Stockholm und Riga (www.rigasealine.lv), Lübeck und Riga (www.hanza.lv), Rostock und Liepāja (www.terrabalt.lv) sowie Travemünde und Ventspils (www.ventlines.lv). Die Passage dauert 25–35 Stunden und kostet in der Hauptsaison zwischen Lübeck und Riga (pro Person, ohne Kabine) ca. € 50, Auto € 80, Zweibettkabine € 120–220.

Lettland ist nicht nur von fast allen wichtigen Ostseehäfen erreichbar; es wird auch von Kreuzfahrtschiffen und Yachten angesteuert.

Mit dem Flugzeug

F6/7

Der inzwischen modernisierte **Hauptstadtflughafen** (www.riga-airport.com) liegt nur 13 km westlich von Riga nahe der Autobahn A 10. Er verbindet 33 Städte Europas, Asiens und der USA mit Riga. Die nationale Fluglinie airBaltic (www.airbaltic.com) unterhält die meisten Verbindungen, aber auch andere Fluggesellschaften bieten Direktflüge zwischen der Hauptstadt Riga und Amsterdam, Berlin-Tegel, Berlin-Schönfeld, Brüssel, Düsseldorf, Frankfurt, Frankfurt-Hahn, Hamburg, Warschau und Wien an (z. B. www.easyjet.com, www.lufthansa.com,www.ryanair.com).

Eine Preisrecherche ist empfehlenswert, da die Kosten zwischen € 25 und € 500 schwanken können!

Mit der Buslinie 22 gelangt man vom Flughafen in 30 Minuten in die Hauptstadt. Die Busse verkehren von 5.30–22.40 Uhr alle 10–30 Minuten. Die Taxifahrt ins Zentrum von Riga dauert etwa 15 Minuten und kostet ca. 8 LVL.

Einreise:

Für die Einreise nach Lettland brauchen EU-Bürger einen Personalausweis oder Reisepass, der noch mindestens 90 Tage gültig sein muss. Für Aufenthalte über 90 Tage ist eine Aufenthaltsgenehmigung erforderlich. Kinder benötigen unabhängig vom Alter einen Ausweis oder Reisepass mit Lichtbild. Aktuelle Visainformationen findet man unter www. mfa.gov.lv.

Auskunft

Fremdenverkehrsverbände:

In Deutschland:

Baltikum Tourismus-Zentrale, Fremdenverkahrszentrale Estland – Lettland – Litauen, Katharinenstr. 19, 10711 Berlin, ✆ (030) 89 00 90 91, Fax (030) 89 00 90 92, www.baltikuminfo.de.

In Lettland:

aC5

Fremdenverkehrsamt Lettland, Brīvības iela 55, LV-1050 Riga, ✆ 722 99 45, Fax 735 81 28, www.latvia.travel/de

Dachverband der lettischen Reiseveranstalter, Skolas iela 3, Riga, ✆/Fax 721 00 65, www.alta.net.lv.

Im Internet:

Touristinformation in Riga: www.rigatourism.com
Lettlands Museen: www.latvia.travel/de/museen
Hotels und Restaurants: www.allhotels.lv
Jugendherbergsverband: www.hostellinglatvia.com
Aktivurlaub in Lettland: www.celotajs.lv, www.ezi.lv
Natur in Lettland: www.daba.lv
Vogelbeobachtung: www.putni.lv, www.lob.lv
Wandern in Nationalparks: www.gnp.gov.lv, www.slitere.gov.lv, www.kemeri.gov.lv, www.teici.lv
Reiten, Angeln und Jagen: www.lvm.lv
Wasserparks: www.nemo.lv, www.akvaparks.lv
Radtouren: www.velokurjers.lv, www.ezi.lv
Golf: www.golfsviesturi.lv, www.ozogolf.lv
Ski und Snowboard: www.zagarkalns.lv, www.baili.lv, www.zviedrucepure.lv, www.ramkalni.lv
Flusswandern und Wassersport: www.laivas.lv, www.ezi.lv, www.zagarkalns.lv, www.makars.lv, www.baili.lv, www.udenssleposana.lv, www.daugavaplosts.lv
Bergsteigen: www.climbing.lv
Schmalspureisenbahn: www.banitis.lv
Heißluftballon fahren: www.altius.lv
Rodelbahnen: www.zviedrucepure.lv, www.ramkalni.lv

Wichtige Rufnummern:

Auskunft	✆ 117 und 118
Feuerwehr	✆ 01
Polizei	✆ 02
Krankenwagen	✆ 03
Gasalarm	✆ 04
Fundbüro	✆ 708 66 28
Verkehrsunfälle	✆ 737 70 00
Notfall	✆ 112 (auch vom Handy), 704 24 73
Pannenhilfsdienst	✆ 800 00 00 (vom Handy 188)

Diplomatische Vertretungen:

In Deutschland:
Botschaft der Republik Lettland
Reinerzstr. 40/41, D-14193 Berlin
✆ (030) 82 60 02 22
Fax (030) 82 60 02 33
www.mfa.gov.lv/de/berlin

In Lettland:
Botschaft der Bundesrepublik Deutschland
Raina bulvaris 13, LV-1050 Riga
✆ 67 03 51 00
Fax 67 08 51 48
www.riga.diplo.de

Botschaft der Republik Österreich
Elizabetes iela 15/4, LV-1010 Riga
✆ 721 61 25
Fax 721 61 26
www.bmeia.gv.at/botschaft/riga

Eine Seltenheit: Bernsteine mit einem eingeschlossenen Insekt

Mitbringsel aus Riga

Botschaft der Schweizerischen Eidgenossenschaft
Elizabetes iela 2, LV-1340 Riga
✆ 67 33 83 51
Fax 67 33 83 54
www.eda.admin.ch/riga

Goethe-Institut Riga
Torna iela 1, LV-1050 Riga
✆ 67 50 81 94
Fax 67 32 39 99
www.goethe.de/riga

Automiete, Autofahren

In Lettlands Hauptstadt sind alle renommierten **Autovermietungen** wie Avis, Sixt, Europcar und Hertz zu finden, viele haben auch einen Buchungsschalter am Flughafen. Die Preise liegen über denen in Westeuropa und über denen lokaler Anbieter wie z. B. AGG, Baltic Car Lease, Eurorenta und Hansabuss. Auch Ein-Weg-Vermietung ist möglich.

Die **Via Baltica,** die die baltischen Hauptstädte Riga, Vilnius und Tallinn verbindet, ist sehr gut ausgebaut. Auch die überregionalen Straßen sind gut befahrbar, während Nebenstrecken unbefestigt und im Sommer sehr staubig sein können.

Der **Pannendienst** ist über ✆ 800 00 00 zu erreichen. Weitere Informationen sind unter www.balticroads.net erhältlich.

Tankstellen gibt es flächendeckend; sie sind zumeist modern ausgestattet und führen auch Autogas. Bleifreies Benzin hat als Kennzeichnung ein E. Die Zapfsäulen sind in der Regel farbig markiert: grün (bleifrei), rot (verbleit) und schwarz (Diesel). Dem deutschen Super bleifrei entspricht 95E.

Wer in Lettland mit dem Auto unterwegs ist, sollte über die von den in Deutschland abweichenden **Verkehrsregeln** an Ampeln informiert sein. Neben rotem, gelbem und grünem Licht

Die Lettische Nationaloper in Riga

Blick über die Daugava zum Rigaer Schloss

gibt es noch ein blinkendes Grün. Zehn Sekunden vor Umschalten auf Gelb blinkt die Ampel grün, dann darf nicht mehr gefahren werden!

Es gelten folgende **Geschwindigkeitsbegrenzungen**:
in Ortschaften: 50 km/h
außerhalb von Ortschaften: 90 km/h
auf Autobahnen: 110 km/h

Es besteht Anschnallpflicht und das Telefonieren ist nur mit Freisprechanlage gestattet. Zu jeder Tages- und Nachtzeit muss mit Abblendlicht gefahren werden und vom 1. Dezember bis zum 1. März gilt Winterreifenpflicht. Die Alkoholgrenze liegt bei 0,5 Promille.

Behindertengerechte Einrichtungen

Behindertengerechte Einrichtungen findet man nur wenige in Lettland. Das Land beginnt erst allmählich sich auf die Bedürfnisse von Menschen mit Behinderungen einzustellen. Auskünfte über behindertengerechte Hotels erteilen der Lettische Fremdenverkehrsverband und der Lettische Hotel- und Restaurantverband (s. S. 64 und 88).

Einkaufen

Als beliebtestes Souvenir gilt immer noch handgemachter Bernsteinschmuck, gefolgt von traditionellem baltischem Schmuck aus Bronze und Silber. Gefragt bei ausländischen Touristen sind Tongefäße der Töpfer aus Latgale, Lederwaren wie Taschen, Geldbörsen, Buchhüllen und Fotoalben, Gegenstände für den Haushalt aus Holz. Als nützliche Mitbringsel werden auch gern Tischdecken, Servietten, Gardinen, Weidenkörbe, Handtücher und Schals gekauft. Praktisch sind auch warme Stricksachen aus naturbelassener Wolle.

Geräucherter Fisch: zum Räuchern wurden einst trockene Kiefernadeln benutzt

Bei Sammlern sind Briefmarken und Münzen begehrte Objekte. Wer Souvenirs aus dem Lebensmittelbereich mitnehmen möchte, dem sind Schwarzbrot, Süßwaren aus der Fabrik »Laima« und alkoholische Getränke wie Honigbier und »Schwarzer Rigaer Balsam«, der nach einer speziellen und heilend wirkenden Rezeptur hergestellt wird, zu empfehlen.

Gute Shopping-Adressen in Riga sind die Boutiquen des Berga Bazārs und die Designergeschäfte in der Tērbatas iela. Die angesagtesten Labels gibt es in der Elizabetes iela.

Öffnungszeiten: In Lettland gibt es kein Ladenschlussgesetz. Geschäfte sind in der Regel Montag bis Freitag 10–19 und Samstag 9–17 Uhr geöffnet, Supermärkte meist täglich 8–22 Uhr.

Essen und Trinken

Eine Besonderheit Lettlands ist die unglaubliche Vielfalt an köstlichem dunklen bis schwarzen **Roggenbrot** *(saldskāba maize)*. Dazu werden fester Frischkäse *(biezpiens)* und Honig *(medus)* gegessen. Typisch **lettische Gerichte** sind mit Speck und Zwiebeln gefüllte Hefeteigtaschen *(pīrāgi)*, Sauerampfersuppe aus gekochtem Schweinefleisch, harten Eiern, Kartoffeln, Zwiebeln, Graupen und saurer Sahne sowie graue Erbsen mit Speck und Bier. Zu Hause wird viel mit Getreide wie Buchweizen *(griķi)*, Hafer *(auzas)* und Gerste *(grūbas)* gekocht. Als Getränk erfreut sich Kefir großer Beliebtheit.

»Der Blin ist rund wie die echte Sonne.
Der Blin ist rot und heiß,
wie die alles wärmende Sonne.
Wenn man einen Blin mit Pflanzenöl begießt,
erinnert uns das an die Opfer,
die man den mächtigen steinernen Idolen gebracht hatte.
Der Blin ist ein Symbol der Sonne,
der schönen Tage, der reichen Ernten,
der glücklichen Ehen und der gesunden Kinder.«

Alexander J. Kuprin

Auch russische **Nationalgerichte** sind fester Bestandteil der lettischen Küche. Besonders zu nennen sind der *Borschtsch* (Rote-Beete-Suppe), *Blini* (hauchdünne Pfannkuchen aus Buchweizenteig) und das wohl bekannteste Getränk der Russen: Wodka. Hiervon wird auch in Lettland ordentlich getrunken.

Ebenfalls hochprozentig und eine original lettische Spezialität ist der legendäre schwarze **Kräuterschnaps** *Rīgas Melnais Balzāms*. Empfehlenswert sind ebenso Kümmellikör, Beeren- und Honigschnäpse. Die Letten schauen mit Stolz auf eine lange Tradition des Bierbrauens zurück. Es gibt viele kleine Brauereien, die äußerst leckeres, würziges und vor allem süffiges Bier *(alus)* brauen. Beliebte Biersorten sind *Bauskas alu* und *Lāčēšalus alus*.

Nach dem Sängerfest

Neben der traditionellen lettischen Küche gibt es eine breite Palette von Restaurants

Borschtsch
Borschtsch ist eine in Osteuropa weitverbreitete Gemüsesuppe. Die Zutaten sind regional unterschiedlich. Fleisch, Rote Beete und Weißkohl gehören fast immer dazu. In Lettland wird *Cholodni borschtsch* kalt serviert und mit Sauerrahm und Ei verfeinert.

mit internationalen Spezialitäten bis hin zu Gourmettempeln der Spitzenklasse. Vorrangig in Riga und anderen größeren Städten wird von Chinesisch, Italienisch über Armenisch und Indisch bis hin zu den üblichen Fastfood-Ketten alles geboten. Wer nicht gerade in Nobelrestaurants einkehrt, kann in Lettland gut und günstig essen. Für € 8 bekommt man ein reichliches Mittagessen.

Lettische Köstlichkeiten

Rupjmaize	Roggenbrot (würziger Geschmack und hoher Nährwert durch natürliche Hefe und langes Gären)
Burkanu pardevejs	Teigtaschen mit Möhrenfüllung
Buberts	kalt servierter Weizenpudding
Pīrāgi	Hefeteigtaschen gefüllt mit Speck und Zwiebeln
Cukas ar skabiem kapostiem	Eisbein mit Sauerkraut
Marinetas senes	Champignons auf livländische Art
Janu siers	Johanniskäse (mit Kümmel gewürzter Hüttenkäse, der nur zum Sonnenwendfest gegessen wird)
Kurzemes kotletes ar seniem	Hacksteaks in Sauce mit Pilzen
Senu zupa	traditionelle Pilzsuppe
Silke sipolu merce	Heringe in Zwiebel-Senf-Soße
Rasols	Kartoffelsalat mit Äpfeln und Roten Beeten
Putra	sehr bekanntes lettisches Gericht (Gerstengrütze mit saurer Sahne, Kartoffeln und Fisch)
Sklandu rausi	lettische Törtchen
Kringels	süße Brezeln mit Mandeln

Ritterspiele auf dem Mittelalterfestival in Cēsis (Juni)

Risu kréms	Reiscreme
Saldejums	unvergessliches Speiseeis, das mit Schokoladensoße, Zimt, Honig, Blaubeeren, Karamell und Nüssen verfeinert wird

Bei den empfohlenen Restaurants werden **Preiskategorien** (€) angegeben, die sich auf den Preis für ein Gericht mit Vorspeise und einem Getränk beziehen:

Den zukünftigen lettischen Euro ziert die Freiheitsstatue auf dem Brīvības-Boulevard in Riga

€ – bis 7 Euro (bis 5 LVL)
€€ – 7 bis 13 Euro (5–9 LVL)
€€€ – 13 bis 20 Euro (9–14 LVL)
€€€€ – über 20 Euro (über 14 LVL)

Feiertage, Feste

Gesetzliche Feiertage:

1. Januar – Neujahr
Karfreitag
Ostermontag
1. Mai – Tag der Arbeit
14. Juni – Gedenktag für die Opfer des Stalinismus
23./24. Juni – Mittsommerwende
18. November – Nationalfeiertag
25./26. Dezember – Weihnachten
31. Dezember – Silvester

Feste und Events:

Januar
Bob-Weltcuprennen in Sigulda

März
Mann verschenkt Blumen zum Internationalen Frauentag (8. März)

April
In Riga: Festival des Dokumentarfilms der Baltischen Länder (Mitte April) und Baltisches Ballettfestival (Ende April), www.balletfestival.lv

Mai
Theaterfestival »Baltischer Frühling« in Riga

Juni
Historischer Handwerkermarkt im Ethnografischen Freilichtmuseum bei Riga (erstes Juniwochenende)
Internationales Opernfestival in Riga (Mitte Juni)
Mittelalterfestival Cēsis, Ritterspiele in den Ordensburgruinen (Mitte Juni), www.cesis.lv
Lettisches Popmusik-Festival *Mēs Liepājai* in Liepāja (23. Juni)
Mittsommerfest (in der Nacht vom 23. zum 24. Juni)

Juli
Internationales Folklorefestival *Baltica* in Riga; alle drei Jahre (letztes Festival Juli 2009)
Meeresfest in Ventspils (zweites Juliwochenende)

Festival für alte Musik: klassische Musik auf drei Schlössern in der Umgebung von Bauska (drittes Juliwochenende)

August
Konzertreihe Rigaer Sommer: Open-Air-Klassik in Riga und Jūrmala
Open-Air-Rockfestival *Liepājas Dzintars* im Jūrmalas-Strandpark (Mitte August)
Allgemeines Lettisches Sängerfest im Rigaer Meža-Park (alle fünf Jahre), nächstes Sängerfest 2013 (Juli/August)

September
Internationales *Filmfestival Arsâ* in Riga (in allen geraden Jahren Mitte September), nächstes Festival 2008
Tag- und Nachtgleiche im Herbst (23. September)

Dezember
Weihnachtsmarkt in Riga (Mitte Dezember)

Geld

Landeswährung ist der Lats (LVL); 1 LVL = 100 Santims (s).
Wechselkurs: 1 € = 0,7052 LVL (Stand: Okt. 2010), aktueller Kurs unter www.bank.lv.
Banken haben in der Regel wochentags von 9–17 oder 18 Uhr, Wechselstuben in der Hauptstadt und in größeren Städten oft 24 Stunden geöffnet. Es lohnt sich ein Vergleich der Wechselkurse.

Lettische Lati

Geldautomaten findet man in allen größeren Städten. Mit Visa, EC, Mastercard usw. kann in den meisten Geschäften, Hotels und Restaurants bezahlt werden. In Euro und US-Dollar ausgestellte **Reiseschecks** kann man in Lettland kaufen, als Zahlungsmittel verwenden oder bei Banken einlösen. Sperre für EC-/Kreditkarte/Handy: ✆ +49 116 116.

Es ist bisher nur vereinzelt möglich mit Euro zu bezahlen. Die lettische Regierung hat sich die Einführung des Euro zum 1. Januar 2014 als Ziel gesetzt.

Gesundheit, Ärztliche Versorgung

Für die Einreise nach Lettland benötigt man eine Europäische Krankenversicherungskarte. Die gesetzlichen Krankenversicherungen zahlen nur dringend notwendige Behandlungen in Lettland. Der Abschluss einer privaten Auslandskrankenversicherung wird ausdrücklich empfohlen, da ggf. erforderliche Rücktransportkosten nach Deutschland nicht übernommen werden.

Die **medizinische Versorgung** in Lettland entspricht nicht dem Standard in Deutschland. Für die Einreise sind keine Impfungen vorgeschrieben; eine FSME-Zeckenschutzimpfung wird für den Reisezeitraum März bis Oktober besonders für Wanderer und Landurlauber empfohlen.

Rezeptpflichtige **Medikamente** sind in Apotheken erhältlich. Es ist ratsam, Medikamente mitzubringen, da Apotheken in Lettland nicht immer die in Deutschland üblichen Medikamente beschaffen können. Apothekenauskunft: ✆ 728 17 08.

Zum Mittsommerfest im Juni flechten Jung und Alt Kränze aus Blumen

Mit Kindern in Lettland

Letten sind sehr kinderlieb. Das spürt man nicht nur im täglichen Miteinander, das zeigt sich auch an den vielen Freizeitmöglichkeiten, die speziell für Kinder konzipiert und eingerichtet wurden.

Zudem sind die vielen flachen **Strände** an der Ostsee gut für Kinder geeignet, da es keine starke Brandung oder große Gezeitenunterschiede gibt. Naturverbundene Urlaubsorte wie z.B. Bauernhöfe bieten ebenfalls einen familienfreundlichen Aufenthalt. Hier gibt es für Kinder viel zu erleben. Sie können beim Melken der Kühe zuschauen oder beim Ausmisten der Ställe helfen, Fische fangen, im Wald Beeren pflücken, abends am Lagerfeuer sitzen und unterm Sternenhimmel im Heu schlafen. Informationen zu **Urlaub auf dem Land**, www.traveller.lv.

Die Sprösslinge können sich in Wasser- und Erlebnisparks vergnügen, z. B. in Jurmala, wo es zum über 30 km langen Stand gleich zwei Wasserparks gibt. www.nemo.lv, www.akvaparks.lv.

In Riga sind sehr beliebt der Zoo mit seinen 3000 Tieren, u. a. einem über 70 Jahre alten Mississippi-Alligator, der Rigaer Zirkus (www.cirks.lv), das ethnografische Freilichtmuseum (www.brivdabamuzejs.lv) sowie das Motormuseum (www.motormuzejs.lv).

Klima

Das Klima in Lettland ist maritim-kontinental, also insgesamt mild. Die Jahreszeiten sind sehr ausgeprägt. Im Sommer ist es warm; der wärmste Monat des Jahres ist der Juli mit einer Durchschnittstemperatur von 17,5 °C. Am Tag steigt das Thermometer oft auf mehr als 25 °C. Im Winter ist es kalt, häufig gibt es starke Schneefälle und manchmal ist nachts das Nordlicht zu sehen. Der Januar hat eine durchschnittliche Temperatur von –5 °C.

Frühling und Herbst dagegen sind wechselhaft und relativ mild. Niederschläge fallen annähernd gleichmäßig über das ganze Jahr verteilt. Regenfeste Kleidung ist daher immer empfehlenswert.

Die Wassertemperaturen von Seen und Flüssen liegen im Sommer bei 16–18 °C, die der Ostsee erreichen erst im August mit etwa 20 °C den höchsten Wert.
Wetterinfos: www.wetter.de, www.meteo.lv.

Kunst, Kultur

Lettland ist auch ein Land der Künstler mit enormem kreativem Potenzial. In unzähligen Ausstellungen, Museen und Galerien kann man sich ein Bild vom ästhetischen Zeitgeist der Kunstschaffenden machen. Riga ist auch als Mekka der Ballett- und Opernfans bekannt. Nicht von ungefähr wurde 1991 ausgerechnet die Oper als erstes öffentliches Gebäude von der lettischen Regierung renoviert.

Längst keine Insider-Tipps sind die **Opernfestivals** in Riga und Sigulda und das Baltische **Ballettfestival.** Einer der berühmtesten Balletttänzer der Welt, Michael Baryschnikow, stammt aus Riga (geb. 1948). Als Kind russischer Eltern wuchs er hier auf, bekam früh Ballettstunden und sein Talent wurde bald erkannt und gefördert. Als Mitglied des bekannten Leningrader Kirow-Balletts setzte er sich 1974 während einer Tournee ab und beantragte in den USA politisches Asyl. Dort machte er als Tänzer, Choreograph und Schauspieler Karriere.

Dass aus Lettland traditionell gute Musik kommt, weiß Europa spätestens seit dem Eurovision Song Contest 2002, den Marie N trotz allem überraschend gewann. Ein Jahr später war Lettland selbst Gastgeber des beliebten europäischen Musik-Events. Ob Rock, Folk, Blues, Jazz, klassische, Orgel- oder Chormusik – das baltische Land hat zu jeder Zeit Musiker und Komponisten von Weltruhm hervorgebracht.

Unter den jüngeren Fans sind die Popband BrainStorm und die Neo-Folkloreband Iļgi bekannte Namen. BrainStorm ist eine aus Jelgava stammende Rock-und Popband, die sich im Stil am Britpop orientiert. In Deutschland veröffentlichten sie seit 2000 bereits vier erfolgreiche Alben. Beim Eurovision Song Contest 2000 in Stockholm belegten sie den dritten Platz.

Eines der beeindruckendsten und ergreifendsten **Chorfeste** der Welt findet alle fünf Jahre in Riga statt. Die besten Chöre des Landes, in dem jeder ein geborener Musiker oder Sänger zu sein scheint, treffen sich zum Lettischen Sängerfest, an dessen Abschlusskonzert bis zu 13 000 Sängerinnen und Sänger teilnehmen. Volkstänzer runden die Veranstaltung ab. Da in den Nachbarländern Estland und Litauen ähnlich beeindruckende Liederfeste stattfinden, wurden diese im November 2003 in die UNESCO-Liste des Weltkulturerbes als einzigartiges, schützens- und erhaltenswertes Kulturwunder aufgenommen.

Das Lettische Sängerfest in Riga lockt mehr Publikum an als internationale Sportevents

Literatur

Die Baltischen Länder. Estland, Lettland, Litauen vom Mittelalter bis zur Gegenwart, Michael Garleff, Pustet-Verlag, Regensburg

Die baltischen Länder. Estland. Lettland. Litauen. Nachbarn in Europa, Auslandsgesellschaft NRW e.V., Harenberg-Verlag
Zauber der baltischen Staaten. Estland – Lettland – Litauen, Kai U. Müller, Sconto-Verlag
Der idiotische Mond. Lettische Prosa der Gegenwart, Heide Lydia Schmidt, dipa-Verlag
Geschichte des Baltikums. Von den alten Göttern bis zur Gegenwart, Alexander Schmidt
Deutsche Geschichte im Osten Europas. Baltische Länder, Hartmut Boockmann, Siedler-Verlag
Handbuch Baltikum-Kontakte, Albert Caspari, Fibre-Verlag
Mythos Baltikum – Estland, Lettland und Litauen vor dem Beitritt zur Europäischen Union, Albert Caspari, Books on Demand
Von Riga nach anderswo oder Stationen eines Lebens. Bücher. Reisen. Begegnungen, Werner Bergengruen, Arche-Verlag
Der Sonnenthron, ausgewählte Gedichte, Janis Rainis
Alt-Riga, Daiga Zarina, Madris-Verlag
Estland/Lettland/Litauen, Schweizerisch-Baltisches Lesebuch, Werd Verlag, Zürich
Scherwitz, Anita Kugler, Kiepenheuer & Witsch
Der Tod des Henkers von Riga, Anton Künzle/Gad Shimron, Psychosozial-Verlag
Die Hunde von Riga, Henning Mankell, Zsolnay/Wien

Öffentliche Verkehrsmittel

Da Lettland eine überschaubare Größe hat, ist von Riga aus jeder Ort des Landes innerhalb von drei Stunden per Bus, Bahn oder Auto zu erreichen.

Bus
Bevorzugtes und preiswertes Verkehrsmittel sind Busse. Das Netz ist gut ausgebaut, praktisch in jedem größeren Ort gibt es einen Busbahnhof. Mehrmals am Tag verkehren Busse in die anderen baltischen Hauptstädte, die Fahrzeit beträgt etwa 6 Stunden.
Fahrpläne unter www.autoosta.lv, www.eurolines.lv, www.nordeka.lv

Taxi
Lizenzierte Taxis erkennt man an den gelben Nummernschildern. Man sollte immer darauf achten, dass das Taxameter eingeschaltet ist.
Preise (Richtwerte):
Grundgebühr 1 LVL
pro Kilometer 0,50 LVL
Taxiruf in Riga:
Bona-Taxi © 800 50 50
Riga-Taxi © 800 10 10
Taksometrū © 800 13 13.

Öffentlicher Nahverkehr
Es gibt in allen größeren Orten öffentliche Nahverkehrsnetze mit Oberleitungs- und Autobussen sowie Straßenbahnen. Sie ver-

kehren täglich etwa von 5.30–0.30 Uhr. Unter www.ttp.lv gibt es Informationen zu Nachtlinien.

Fahrscheine können beim Fahrer oder Schaffner gekauft werden und sind mit etwa 50 Santimes pro Fahrt vergleichsweise günstig.

Post

Postämter (www.pasts.lv) gibt es flächendeckend; in den Städten sind sie montags bis freitags von 8–18 Uhr und samstags von 8–16 Uhr geöffnet. Auf dem Land können die Öffnungszeiten mitunter kürzer sein. **Briefmarken** kann man auch an Kiosken kaufen.

Preise für Postsendungen (in LVL)

	Inland	EU-Staaten	andere Staaten
Postkarten	0,15	0,36	0,40
Briefe	0,22	0,45	0,55
Dauer der Sendung	1–2 Tage	5–7 Tage	10–14 Tage

Briefkästen sind hellgelb und an stark frequentierten Orten zu finden. Kurierpostanbieter sind z.B. DHL (www.dhl.lv), UPS, TNT (www.tnt.lv) und Baltic Logistic System (www.bizpak.lv).

Presse

Es gibt in Lettland viele Printmedien, hauptsächlich in lettischer und russischer Sprache. Einige Zeitungen und Zeitschriften erscheinen auch in Englisch und Deutsch. Als fremdsprachige Inlandspresse ist zu empfehlen:
The Baltic Times: Business und Nachrichten auf Englisch, www.baltictimes.com.
Baltische Rundschau: Größte deutschsprachige Zeitschrift des Baltikums, informiert über Politik, Wirtschaft, Kultur, Bildung, Wissenschaft usw., www.baltische-rundschau.de.
Es gibt einige regelmäßig erscheinende Veranstaltungskalender:
Riga in Your Pocket: Allgemeiner Riga-Reiseführer, erscheint zweimal im Monat auf Englisch, sehr empfehlenswert, www.inyourpocket.com.
Riga This Week: Offizieller Veranstaltungskalender von Riga, erscheint alle zwei Monate in englischer Spracche, www.rigathisweek.lv.

In Lettland gibt es fünf nationale und vier regionale **Fernsehsender** sowie diverse nationale und regionale **Radiosender**. Über Satellit- und Kabelfernsehen können auch deutsche Sender problemlos empfangen werden.

Religion

Vor der Christianisierung hatten die Letten ihre eigene Religion, den *Dievturiba*-Glauben. Weisheit, Liebe, Gerechtigkeit, Freude und Schönheit sind fundamentale Werte dieser Religion. Als bedeutendste göttliche Wesen wurden *Dieves*, *Mara* und *Laima* verehrt.

Dieves, der Herr über das gesamte Universum, war zugleich höchster Gott. Er galt als gütiger Weiser, der sich der Sorgen und

Mühen der Menschen annahm. *Mara* war die Erdmutter, die Leben gab und Leben nahm. Sie war für die Versorgung allen irdischen Lebens zuständig. *Laima*, die Schicksalsgöttin, bestimmte über den Werdegang eine Menschen.

Heute ist die Religion überwiegend evangelisch-lutherisch, in den Städten vielfach russisch-orthodox und in den östlichen Gebieten des Landes auch römisch-katholisch.

Während zu Sowjetzeiten viele Kirchen zweckentfremdet wurden, erfüllen die meisten wieder ihre eigentliche Funktion und erfreuen sich enormer Beliebtheit auch bei jungen Menschen.

Sicherheit

Nicht wenige Horrorgeschichten sind in den Medien immer wieder vermeldet worden. Allerdings betrafen sie zumeist ehemalige Sowjetrepubliken und nicht das Baltikum. Wer grundlegende Vorsichtsmaßnahmen beachtet, kann in Lettland so sicher reisen wie zu Hause. Überlegene Kaufkraft sollte nicht demonstrativ zur Schau gestellt werden. Das kann, wie überall, Missfallen erzeugen. Wenn es sich einrichten lässt, sollten Frauen nachts möglichst in Begleitung durch die Straßen gehen, da häufiger Betrunkene unterwegs sind.

Die Zahl der Autodiebstähle ist drastisch gesunken. Dennoch ist es ratsam, für den eigenen Wagen Hotel- oder bewachte Parkplätze zu nutzen und keine wertvollen Gegenstände wie Kameras, Handys, Lederjacken, Geldbörsen usw. im Auto liegen zu lassen. Nützlich sind auch Alarmanlagen und Wegfahrsperren. Im Übrigen gilt das Interesse weniger kleinen und älteren Autos. Diebe bevorzugen Luxuskarossen.

Sport und Erholung

Es gibt viele Möglichkeiten, Lettland zu erkunden. Wer vorrangig Erholung sucht, wird genauso auf seine Kosten kommen wie Aktivurlauber. Für Sportbegeisterte bietet Lettland eine Fülle von Möglichkeiten. Das Land mit seinen unzähligen Flüssen, Seen und einer Küstenlänge von etwa 500 km ist ideal zum Segeln, Windsurfen, Angeln, Schwimmen und Tauchen. Für Golfspieler und Tennisspieler gibt es erstklassige Plätze, für Eisangler schöne Reviere im Winter. Radfahrer und Wanderer genießen die Weite der sanft hügeligen Landschaft, Jogger lieben die kilometerlangen Strände, an denen man herrlich barfuß laufen kann.

Aus Lettland stammen erfolgreiche Sportler wie Igors Vihrovs, Olympiasieger im Kunstturnen 2000 in Sydney, oder Romāns Vainšteins, 2000 Weltmeister im WM-Rad-Straßenrennen. Lettlands Nationalsport ist Eishockey. 2006 fand in Lettland die Eishockey-Weltmeisterschaft statt.

Wandern:

Einen intensiven Genuss von Vielfalt und Schönheit der verschiedenen Landstriche bietet das Wandern entlang der 500 km langen Küste oder durch die Wälder und Flusstäler des Landes. Besonders attraktiv sind Routen, die durch Naturschutzgebiete und Nationalparks führen. Im **Gauja-Nationalpark** gibt es Wanderwege mit einer Gesamtlänge von mehr als 100 km. Von den vie-

D/E 8/9

In den weitläufigen lettischen Wäldern können Sie mit etwas Glück auf einen Luchs treffen

len Vogelbeobachtungspunkten lassen sich die Federtiere besonders im Frühling und Herbst per Fernglas gut beobachten. Ausgewiesene **Natur- und Lehrpfade** bringen dem Wanderer Flora und Fauna näher.

Gern bezeichnen die Letten ihr Land als das grüne Herz Europas, und tatsächlich machen natürliche Ökosysteme über 50 Prozent der Gesamtfläche aus – ein Verhältnis, das nur auf wenige Länder der Welt zutrifft. Und so ist es nicht verwunderlich, dass es nahezu unberührte Gebiete gibt, deren Flora und Fauna einzigartig in Europa ist. Um den Lebensraum von Luchsen, Wildpferden, Elchen, Schwarzstörchen und Uhus zu schützen, wurden viele dieser Regionen zu Nationalparks erklärt. Trotz offiziellen »Geburtenrückgangs« gibt es mehr als 10 000 Weißstorchpaare, die auf Dächern, Masten, Schornsteinen und Bäumen Jahr für Jahr ihre Nester bauen. Auch kann es passieren, dass man auf eine blaue Kuh trifft. Sie gehört zu den seltensten Tierarten der Erde. Die »Lettische Blaue« ist eine bläulich schimmernde Rinderrasse. Eine Legende erzählt, dass sie von einer Meerjungfrau, die sich in einen Bauern verliebt hatte, aus dem Meer mitgebracht wurde.

Essbare Pilze aus Lettlands Wäldern: Hexenröhrling und …

… Rotkappe

C3/4

Slītere-Naturpfad/Slīteres dabas taka
Im Slītere-Nationalpark wachsen auf vergleichsweise kleinem Terrain fast alle in Lettland vorkommenden Waldarten. In Begleitung eines Fremdenführers kann man sie auf Lehrpfaden beim Wandern und spazieren gehen kennenlernen. An der Landzunge Kolgas rags treffen die Wellen der Ostsee und die der Rigaer Bucht aufeinander.

170 km von Riga, Länge der Route 1,2 km, Hauptsaison Mai–Okt., www.talsi.lv, www.kurzeme.lv, www.vitila.gov.lv.

E5

Naturpark Engure-See/Engures ezera dabas parks
Der Naturpark ist ein Vogelreservat von internationaler Bedeutung. Auf den Pfaden gibt es mehrere Vogelbeobachtungstürme und Informationstafeln.

Falls Sie in Lettland eine blaue Kuh entdecken, dürfen Sie Ihren Augen ruhig trauen: Die »Lettische Blaue« gehört zu den seltensten Tierarten der Welt

85 km von Riga, Länge der Route bis zum Vogelbeobachtungsturm 0,8 km, Orchideenpfad 3,5 km, Hauptsaison Orchideenpfad Mitte Juni, restliches Gelände April–Okt.
www.engure.edu.lv/de/turistiem/e_ezers www.talsi.lv, www.eedp.lv.

E8

Naturpfad Großes Ķemeri-Moor/Lielais Ķemeru tīrelis
Der Naturpfad verläuft im Ķemeri-Nationalpark, in dem es seltene und unter Naturschutz stehende Pflanzen und viele geschützte Tierarten gibt.

47 km von Riga entfernt, Routenlänge 2,8 km, Hauptsaison April.–Okt., www.kemeri.gov.lv, www.kurzeme.lv, www.vitila. gov.lv.

E8/9

Naturpfade von Līgatne/ Līgatnes dabas takas
75 km von Riga, Länge der Routen: Naturpfad mit wild lebenden lettischen Säugetieren in Wildgehegen, 5,5 km. Gauja-Uferpfad bis zum Stein Gūdu iezis, 2 km. Ur-Naturpfad (Pfad der unberührten Natur) zum Sandsteingraben Paparžu grava, 2 km.

Der Aussichtsturm bietet einen herrlichen Blick auf das Urstromtal der Gauja. Alle Wege sind hervorragend markiert, man bekommt außerdem eine Wegkarte. Hauptsaison April–Okt., www.cesis.lv, www.gnp.gov.lv, www.sigulda.lv.

Paddeln, Bootstouren:

Lettland liegt nicht nur an der Ostsee, Lettland ist auch reich an Binnengewässern. Es gibt über 700 Flüsse und 2256 mehr als ein Hektar große Seen. Erholung auf und am Wasser ist sehr beliebt, entsprechend boomt der Wassertourismus. Anders als in vielen anderen Ländern Europas wurden Lettlands Flüsse nicht begradigt, sondern schlängeln sich noch immer in ihrem ursprünglichen Bett durch die Landschaft.

Jeder Fluss hat seinen eigenen Charakter, und es kann passieren, dass man sein Boot um im Wasser liegende Bäume, einen Biberbau oder eine Furt bugsieren muss. Doch das macht die Tour erst recht interessant.

Mehrere hundert Flusskilometer eignen sich zum **Flusswandern**. Gefährliche Passagen sollten jedoch Raftingerfahrenen überlassen werden. Viele, besonders kleinere Flüsse haben im Quellbereich Trinkwasserqualität. Angler sollten an entsprechendes Zubehör denken, denn die Flüsse sind fischreich!

E3

Auf der Abava von Renda bis zur Einmündung in die Venta
Im Naturpark des malerischen Urstromtals gibt es gute Zeltplätze. Auskunft und Bootsverleih: **Beltes**, Virbu pagasts, Talsu rajons, ✆ 29 24 20 52. **Anša laivas**, Kandavas novads, Turkuma rajons, ✆ 652 04 10. **Plosti**, ✆ 26 31 03 03, www.plosti.lv.

Von Riga bis nach Renda 135 km, Routenlänge 34 km, Höhenunterschied 17 m, Hauptsaison Ende April–Anfang Sept. www.kuldiga.lv, www.talsi.lv, www.laivas.lv.

Bootsrouten auf der Gauja

D/E 8/9

Das Urstromtal der Gauja ist ein bedeutendes Naturdenkmal. Auf den Routen passiert man beeindruckende Schluchten, Sandstein und Felsen. Die am stärksten frequentierten Strecken sind die von Valmiera bis nach Cēsis, von Cēsis nach Līgatne und von Līgatne nach Sigulda.

Von Riga nach Valmiera sind es 106 km und bis Sigulda 51 km. Routenlänge 95 km, Höhenunterschied 18 m, Hauptsaison Ende Mai–Anfang Sept. Erholungszentrum **Cīrulīši**, www.zagarkalns.lv. Tourismuszubehörverleih in Cēsis, ✆ 942 32 70. Sport- und Erholungszentrum **Baiļi**, www.baili.lv. Zentrum für Aktivurlaub Eži, www.ezi.lv. Erholungspark Rāmkalni, www.ramkalni.lv. Bootsstation an der Gauja **Niekā**, ✆ 64 72 27, www.gnp.gov.lv, www.valmiera.lv, www.cesis.lv, www.sigulda.lv.

Auf der Salaca von Mazsalaca bis Salacgrīva

B/C 7/8

Die Salaca gehört zu den saubersten und romantischsten Flüssen Lettlands, mit Sandsteinfelsen und Höhlen an der Strecke.

Von Riga nach Mazsalaca 171 km, nach Salacgrīva 103 km. Routenlänge 85 km, Höhenunterschied 38 m, Hauptsaison Ende Mai–Anfang Sept. Auskunft und Verleih von Zubehör: www.ezi.lv, www.salacgriva.lv, www.baili.lv, www. laivas.lv, www.mazsalaca.lv.

Auf der Daugava von Krāslava bis Daugavpils

K11/12

Von Riga nach Krāslava 265 km und nach Daugavpils 229 km. Routenlänge 63 km, Höhenunterschied 9 m, Hauptsaison Ende Mai–Anfang Sept., www.daugavpils.lv, www.laivas.lv.

Der Wassertourismus boomt: Segeltörns vor der lettischen Küste

F6/7

Mit dem Schiff auf der Daugava
Es gibt begleitete Ausfahrten auf kleinen Schiffen entlang dem historischen Panorama von Riga und dem Rigaer Hafen. An Feiertagen fahren die Schiffe auch bis zum größten Erholungspark von Riga, dem Mežapark, und bis zum 14 km von Riga entfernten Kur- und Badeort Jūrmala, www.rigatourism.lv, www.jurmala.lv.

E8/9

Im Frühling auf der Amata (nur für erfahrene Flusswanderer!)
Von Riga bis zur Brücke in Melturi 72 km und bis zur Brücke zwischen Līgatne und Araiši etwa 75 km. Routenlänge 15 km, Höhenunterschied 70 m, Hauptsaison Ende März und April, www.gnp.gov.lv, www.cesis.lv, www.campo.laivas.lv/lv/mar/.

F9/10

Im Frühling auf der Ogre (nur für erfahrene Flusswanderer!)
Die Ogre ist ein schneller, mäandernder Fluss, der besonders im Frühjahr rasant durch Schluchten und Täler fließt. Die schnellste Strecke liegt im Gebiet von Ergļi. Im Spätsommer kann man dagegen gemütliche Spazierfahrten unternehmen.

Von Riga nach Ergļi 107 km, bis nach Ogresmuiža 100 km. Routenlänge 17 km, Höhenunterschied 45 m, Hauptsaison Ende März und April, www.ogre.lv, www.parsteigumkalns.lv, www.laivas.lv/lv/marsruti.

Kite- und Windsurfen in Jurmala:

F5/6

Burusports, Upes ielas galā, Pumpuri, Jūrmala
✆ 591 05 26.

Yachtclubs und Verleihstationen in Jūrmala

Lettischer Yachtclub, Vikingu iela 6, Lielupe, Jūrmala
✆ 29 62 99 47.
Yachtclub Simeks, Vikingu iela 8, Lielupe, Jūrmala
✆ 67 75 19 16.
Zentrum für Wassersportarten Lielupe, Vikingu iela 4a, Lielupe, Jūrmala, ✆ 775 13 93.
Yachtclub Priedaine, Upmalas iela 5, Priedaine, Jūrmala
✆ 29 22 11 55.

Radtouren:

Wer kräftig in die Pedale treten möchte, tut nicht nur der Gesundheit etwas Gutes, sondern bewegt sich auf sehr umweltfreundliche Weise durch ein wie dafür geschaffenes Land. Die lettischen Tiefebenen mit ihren sanft hügeligen Landschaften, den kurvenreichen Landstraßen und den schönen Ausblicken laden ein, die Natur hautnah zu erleben und in vergleichsweise kurzer Zeit größere Entfernungen zurückzulegen.

Dabei kann man viele Sehenswürdigkeiten besichtigen und ganze Provinzen erkunden. Es gibt zwar kaum Radwege, aufgrund der geringen Verkehrsdichte ist man jedoch auch auf Landstraßen gut unterwegs.

C4

Kolka-Rundtour/Kolkas aplis
Auf dieser »ökologischen« Fahrradroute, die an ehemaligen Fischerdörfern der Liven vorbeiführt, durchquert man unberührte Natur und herrliche Landschaften. Ein Großteil der Route führt durch den Slītere-Nationalpark.

Die lettischen Ostseestrände sind ein ideales Revier der Kitesurfer

Von Riga bis zum Leuchtturm in Slītere 170 km, Routenlänge 65 km, www.daba.gov.lv, www.grandios.lv, www.talsi.lv, Fahrradverleih unter ✆ 949 65 12.

Mountainbike-Rundtour um Sigulda E8

Auf der markierten Strecke entlang den steilen Ufern des Urstromtals der Gauja kann man die Sehenswürdigkeiten von Sigulda besichtigen.

Von Riga nach Sigulda 51 km, Routenlänge 13 km, www.gnp.gov.lv, www.sigulda.lv. Fahrradverleih in Sigulda: **Tridens**, ✆ 29 64 48 00, **Rāmkalni**, ✆ 29 10 02 80, www.ramkalni.lv.

Naturpfade von Allaži/Allaž dabas takas E8

Von Riga bis zum Ausgangs- und Zielpunkt, der evangelischen Kirche von Allaži in Stīveri, sind es 50 km. Routenlänge 20 km, www.sigulda.lv, www.allazi.lv.

Radwanderroute Cēsis–Valmiera D/E9

Die markierte Route führt auf Waldwegen durch den Gauja-Nationa park. Neben beeindruckender Landschaft kann man die Sehenswürdigkeiten von Cēsis und Valmiera besichtigen.

Von Riga nach Cēsis 87 km und nach Valmiera 107 km, Routenlänge 42 km, www.gnp.gov.lv, www.cesis.lv, www.valmiera.lv.

Fahrradrouten in Jūrmala E/F 5/6

– **Von Majori nach Buļļuciems** kann man auf einer Länge von 15 km den herrlichen Strand, den Konzertsaal in Dzintari, das Freilichtmuseum von Jūrmala und die Holzarchitektur der Stadt besichtigen.

– Die Strecke von **Vaivari nach Ķemeri** führt auf einer Länge von 20 km an den Sehenswürdigkeiten am Strand und im Park vorbei, z. B. am Rehabilitatioszentrum Vaivari, am Nemo-Wasserpark, dem See Slokas ezers und dem Informationszentrum des Ķemeri-Nationalparks. F6

Wer reiten kann, wird sich über die vielen Reiterhöfe in Lettland freuen

www.jurmala.lv, Fahrradverleih: Picnic, Mellužu prospects 21, Melluzi, Jurmala, ✆ 776 78 99. ABC, Jūras iela 24, Majori, Jūrmala, ✆ 911 90 91.

F6/7

Von Riga nach Jūrmala
Ein komfortabler Fahrradweg führt von Pārdaugava, dem westlich der Daungava gelegenen Stadtviertel, nach Majori.

Reiten:

Lettland bietet zwar keine endlosen Weiten, dafür Küstengebiete, Flussauen, Wälder, Felder und Wiesen, die zum Reiten einladen und viel Abwechslung bieten. Auf Reiterhöfen und Gestüten in ganz Lettland kann man Reitunterricht bei ausgebildeten Lehrern nehmen.

Wer nicht auf dem Rücken eines Pferdes die Landschaft erkunden will, für den ist vielleicht eine Kutschfahrt das Richtige.

H2

Reittouren in der Gemeinde Priekule
Von Riga bis zum Gestüt von Stiebriņi 185 km, Routenlänge 5–30 km, www.liepaja.lv, www.kurzeme.lv.

K12

Reittouren rund um Krāslava
280 km von Riga befindet sich der Ausgangspunkt für Touren durch das Naturschutzgebiet Oberdaugava: das Gestüt Klajumi. Die Routen sind 30–45 km lang. Das Gestüt bietet Reitunterricht und Ausritte auf Wegen mit kulturhistorischer Bedeutung sowie kombinierte Touren mit Pferden, Booten und Flößen.
Kaplavas pagasts, Krāslavas rajons, ✆ 29 47 26 38, www.klajumi.lv.

F6/7

Reitsportzentrum Kleisti (Lettischer Reiterverein)
Riga, Kleistu iela 75, ✆ 67 42 71 35, www.leflatvia.lv.

F5/6

Zentrum für Reittherapie »Kavalkāde«
Reittherapie in Begleitung eines Reitlehrers, Ausritte auf der Reitbahn und in die Umgebung, Asaru prospekts 61, Vaivari, Jūrmala, ✆ 67 76 61 22.

Jagen:

Die Jagd ist in Lettland ein unvergleichliches Erlebnis; es gibt noch immer Landstriche mit fast unberührter Natur. Grundsätzlich besteht die Möglichkeit, in Begleitung eines kundigen Jägers auf die Jagd zu gehen. Das lettische Gesetz regelt die Jagdbedingungen für Ausländer. Informationen darüber sind erhältlich unter www.latma.lv (Lettischer Jägerverband), www.vmd.gov.lv (Lettisches Amt für Forstwirtschaft), www.lvm.lv (AG Lettische Wälder).

Angeln:

Nur Personen, die einen Angelschein besitzen, dürfen in Lettland angeln. Für bestimmte Angelplätze bedarf es einer Lizenz, die man bei der örtlichen Verwaltung kaufen kann. Das lohnt in jedem Fall, denn Lettland ist reich an verschiedenen Fischarten wie Aal, Lachs, Forelle, Butt, Neunauge, Schleie, Barsch, Hecht und Karpfen.
Lettischer Anglerverband, ✆ 731 69 43, AG Lettische Wälder, www.lvm.lv/deu/erholung/angeln/.

Extreme:

Wer den Nervenkitzel, das Besondere, die Herausforderung sucht, der kann dieses Bedürfnis auch in Lettland stillen. Denn Lettland ist auch ein Abenteuerland.

Bob- und Rodel
Auf der Bobbahn von Sigulda kann man in Begleitung eines Bobpiloten mit rasanter Geschwindigkeit Spannung und Nervenkitzel genießen. Auf sein eigenes Können ist man auf der Sommerrodelbahn angewiesen, wenn man das Steuer selbst in der Hand hat.

Bob- und Rodelbahn Sigulda E8
Sigulda, Šveices iela 13
✆ 67 97 38 13
www.bobtrase.lv
Zviedru cepure, Landkreis Tukums, Gemeinde Matkule,
✆ 26 40 54 05 F4
zc@kopideja.lv
www.zviedrucepure.lv
Rāmkalni, Landkreis Riga, Gemeinde Inčukalns, Rāmkalni
✆ 29 10 02 80
www.ramkalni.lv E8

Bobfahren in Sigulda

Tauchen
Da es in Lettland weder gefährliche Fische, giftige Wasserbewohner noch kritische Strömungen gibt, kann man im Sommer ausgesprochen gut tauchen. Es werden auch Kurse mit internationalen Abschlusszertifikaten angeboten. Populär sind die Tauchgebiete der

Der beste Golfplatz Lettlands: der Ozo Golf Club am nördlichen Stadtrand von Riga

Baggerseen von Skola und Kalnciems, die Rigaer Bucht, die Ostseeküstengewässer mit einem Schiffswrack auf dem Grund der Ostsee.

SIA Jūras vējs, Riga, Matrožu iela 7, ✆ 67 61 43 25, www.divers.lv.

Bungee-Jumping

Bungee-Jumping gibt es seit 1989 in Lettland. Inzwischen werden fast alle bekannten Arten angeboten, und 20 000 Menschen haben diesen Nervenkitzel bisher ausprobiert. Die Sicherheit ist dank modernster Technik gewährleistet.

F6/7 **Latvijas gumijlēcēju klubs** (Lettischer Bungee-Jumping-Club), Riga, Kalnciema iela 96, ✆ 921 27 31, www.lgk.lv.

Fallschirmspringen

Fallschirmspringen ist an mehreren Orten in Lettland möglich. Es gibt Einzel- und Tandemsprünge sowie Sprünge, bei denen sich der Fallschirm automatisch öffnet. Jugendliche zwischen 14 und 18 Jahren sollten die Eltern oder deren Einverständniserklärung dabeihaben.

F6/7 **Rigas aeroklubs,** Riga, Lienes iela 1–17, ✆ 67 27 81 11.

E9 **Vidzemes aeroklubs,** Landkreis Cēsis, Gemeinde Priekuļi, Haus Viesturi, ✆ 28 61 73 12.

Kurzemes aeroklubs, ✆ 948 29 39, www.aeroklubs.times.lv/dive1.html.

Heißluftballon-Flüge

Erst seit den 1990er-Jahren gibt es in Lettland Heißluftballons. Neben dem Piloten fasst der Korb zwei weitere Passagiere.

F6/7 **Altius,** Riga, Mūkusalas iela 41
✆ 761 16 14, www.altius.lv.

Gleitschirmfliegen

Der erfahrene und geschickte Paraglider erlebt das Zusammenspiel von Mensch und Natur hautnah, ist von Wetter und Klima

abhängig und braucht ein Gespür für geeignete Luftströmungen. Ein Motor ermöglicht längere Rundflüge.
Adrenalīns, Riga, Jukuma Vācieša iela 3-86
✆ 29 11 98 99, www.adrenalins.lv.

Segelfliegen
Stilles Gleiten in einer Höhe von 1000 m, wie schwerelos die Welt betrachten und dabei die Naturkräfte spüren, das macht Segelfliegen so faszinierend. Wer das fliegerische Können hat, kann in Lettland Segelflugzeuge mieten oder den Segelflugschein machen.
Kurzemes aeroklubs, ✆ 948 29 39
stiletto@inbox.lv, www.aeroklubs.times.lv/dive1.html.

Rundflüge
Aus der Vogelperspektive sieht die Welt bekanntlich anders aus. Beliebt sind die Rundflüge über den Gauja-Nationalpark. In einer Viersitzermaschine steigt man auf 300 m Höhe und erkundet mit 20 km/h die Umgebung.
Latvijas aeroklubs, Riga, Elizabetes iela 17–1 F6/7
✆ 29 68 96 36, April–Nov.

Weitere Sportmöglichkeiten:

Squash: www.jokerklubs.lv, www.zelta.lv, www.keizarmezs.lv
Golf: www.ozogolf.lv, www.golfsviesturi.lv
Tennis: www.enri.lv
Bowling: www.jokerklubs.lv, www.bowling.lv, www.zelta.lv.

Lettlands Ostseeküste: einsame Sandstrände und Kiefernwälder

Strandleben in Jūrmala zu Beginn des 20. Jahrhunderts

Strände

Seit Jahrhunderten verbringen Erholungsuchende ihren Urlaub an den beinahe 500 km langen Sandstränden des Landes. Badeurlauber kommen an der lettischen Küste voll auf ihre Kosten. Zwar ist wirklich nur in den Sommermonaten Badesaison, im Juli und August kann es gelegentlich bis 30 °C heiß werden, aber die herrlichen Sandstrände laden in jeder Jahreszeit zu ausgedehnten Spaziergängen und Wanderungen ein.

Der etwa 30 km lange Strand von **Jūrmala** liegt geschützt in der Rigaer Bucht, und das Meer hat kaum Wellengang. Der Strand eignet sich daher besonders für Kinder, die zudem in dem hellen und feinkörnigen Sand buddeln können. Es gibt viele Kioske, Wassersportangebote und Bars. In der Regel findet man selbst am Wochenende ein ruhiges Plätzchen.

Wer es besonders ruhig mag, dem seien die Strände von Ventspils und Liepāja empfohlen. Mitten im Badeort **Liepāja** beginnt der weite helle Ostseestrand, der sich über 60 Kilometer bis zur Grenze nach Litauen erstreckt und von malerischen Dünen begrenzt wird. Häufig weht ein starker Wind. Es gibt Spielplätze und -geräte für Kinder, Umkleidekabinen, Kioske, Strandbars und Minigolfanlagen.

Der Strand von **Ventspils** ist weiß und feinsandig, das Wasser trotz naher Industrieanlagen ausgesprochen sauber. Hinter den Dünen, südlich des Yachthafens, gibt es einen Strandpark. In den Sommermonaten finden dort an jedem Wochenende Veranstaltungen statt.

Zwischen Tūja und Dzeņi gibt es ein sich über 14 km Küste erstreckendes **Naturschutzgebiet.** Am Strand wechseln sich steinige und sandige Passagen ab. Sehenswert sind insbesondere die **Felsen von Veczemju klintis**. Hier haben die Wellen Höhlen und Grotten aus dem roten Sandstein herausgespült; www.salacgriva.lv.

Der Naturpfad des Strandes in **Kaltene** gehört zu den wenigen Abschnitten an der Küste des Rigaer Meeresbusens, an denen sich bereits vor über 8000 Jahren eine Meeresküste befand. Das Gebiet gehört zum geologischen und geomorphologischen Naturdenkmal »Küstenformen von Kaltene«. Tausende Wasser- und Stelzenvögel leben hier, www.roja.lv.

Strom

In Lettland sind die gleichen Stecker im Einsatz wie in Deutschland, daher wird kein Adapter benötigt. Die Stromspannung beträgt ebenfalls 220 Volt.

Telefonieren

Für die meisten öffentlichen Telefone werden Telefonkarten benötigt, die es zu 2, 5 oder 10 LVL in Postämtern, Kiosken und Geschäften mit dem »Telekarten«-Zeichen zu kaufen gibt. Die Telefonnummern in Lettland sind siebenstellig, d.h. es gibt keine Vorwahl. Um vom Ausland aus nach Lettland anzurufen, wählt man den internationalen Zugangscode 00 in Europa und dann den länderspezifischen Vorwahlcode Lettlands 371.

Das lettische Mobilfunknetz ist sehr gut ausgebaut. Wegen der mitunter hohen Roaming-Gebühren sollte man sich vorab bei seinem Mobilfunkanbieter über die im Ausland geltenden Konditionen informieren. Günstiger ist auf jeden Fall das Telefonieren mit Prepaid-Karten.

Trinkgeld

In Restaurants wird – wie auch in Deutschland üblich – ein Trinkgeld in Höhe von etwa 10 % des Gesamtpreises erwartet. Zimmermädchen, Gepäckträger und sonstige Dienstleister freuen sich ebenfalls über eine kleine Aufmerksamkeit.

Im Restaurant wird die Rechnung diskret in einem Mäppchen oder auf einem Teller verdeckt übergeben. Man legt das Geld dazu und erhält das Wechselgeld exakt zurück. Bei Zufriedenheit lässt man Trinkgeld liegen.

Unterkunft

Lettland hat in den letzten Jahren viel für die touristische Infrastruktur getan. Da das Baltikum mehr und mehr an Beliebtheit gewinnt, finden sich inzwischen Unterkünfte jeglicher Art. Zimmer stehen den Gästen am Anreisetag ab 16 Uhr und am Abreisetag bis 12 Uhr zur Verfügung.

Lettischer Hotel- und Restaurantverband
Čaka iela 55-223, Riga
✆/Fax 67 01 41 31, www.hotel.lv

Hostelling Lettland
Siguldas prospekts 17-2, Riga
✆ 29 21 85 60, Fax 27 51 70 60
www.hostellinglatvia.com.

Hotels
Es wird zwischen Hotel, Kurhotel, Gästehaus und Motel in verschiedenen Kategorien unterschieden. Die meisten Anbieter haben sich im Lettischen Hotel- und Gaststättenverband organisiert.

Camping
Auf den Campingplätzen kann man in Zelten, Wohnmobilen, Anhängern oder Bauten mit leichter Konstruktion übernachten. Der Campingverband bietet einen ausgezeichneten Service für einen angenehmen Urlaub mit der ganzen Familie. Auf jedem nächsten Campingplatz des Verbandes erhält man 10 % Rabatt.

Campingassoziation Lettlands
Alkšņu iela 30, 2008 Jurmala
✆ 77 323 50, Fax 773 23 49
www.camping.lv

Jugendherbergen (Hostel)
Jugendherbergen sind entweder ganzjährig oder nur in der Sommersaison geöffnet. Man kann das Bett mit oder ohne Verpflegung bekommen. Der Service ist auf die individuellen Wün-

sche der Gäste eingestellt, z. B. werden Unterhaltungsprogramme für Familien mit Kindern und Gruppen angeboten.
Jugendherbergenassoziation Lettlands
Siguldas prospekts 17–2, LV-1014 Riga
✆ 29 21 85 60, Fax 27 51 70 60, www.hostellinglatvia.com

Ländliche Unterkünfte
1993 wurde der Verband Lauku ceļotājs für Urlaub auf dem Land gegründet. Ihm gehören inzwischen mehr als 300 Mitglieder an, die ländliche Unterkünfte in ganz Lettland anbieten. In Riga gibt es eine eigene Tourismusagentur, bei der man auch Unterkünfte in den anderen baltischen Staaten buchen kann.
Lauku ceļotājs, Kalnciema iela 40, 1046 Riga
✆ 67 61 76 00, Fax 67 83 00 41, www.celotajs.lv, Mo–Fr 9–18 Uhr

Zeitzone

In Lettland gilt die osteuropäische Zeit (OEZ). Sie ist der mitteleuropäischen (MEZ) eine Stunde voraus. Wie in Deutschland wird auf Sommerzeit umgestellt.

Zoll

Die EU-Bestimmungen gelten auch für Lettlands Zollvorschriften. Sie dürfen z. B. 10 Liter Spirituosen, 90 Liter Wein und 200 Zigaretten ein- und ausführen. Eine Ausfuhrgenehmigung ist für Antiquitäten und Kunstwerke erforderlich, wenn diese über 50 Jahre alt sind. ■

Schlosshotel Jaunmokas, die einstige Residenz des Bürgermeisters von Riga

Sprachführer

Die wichtigsten Wörter für unterwegs

Offizielle Landessprache ist Lettisch. Lettisch gehört zu den baltischen Sprachen der indoeuropäischen Sprachfamilie und hat keine direkte Verwandtschaft zu den slawischen Sprachen. Die Schriftsprache entspricht dem lateinischen Alphabet. Russisch, Englisch und Deutsch sind in Lettland weit verbreitet.

Aussprache
Vokale mit Dehnungsbalken (ā, ē, ī, ū…) werden immer lang ausgesprochen, Konsonanten mit Häkchen darüber oder darunter werden am Gaumen gebildet (ņ wie nj, Ķ wie kj), ļ wie lj in Aljoscha, o wie uo, h wie ch (ach), c wie z, Č wie tsch, s wird stimmlos ausgesprochen, Š wie stimmloses sch, ž wie stimmhaftes sch wie g in Garage und r als Zungen-R.
Charakteristisch ist das Endungs-s bei männlichen Namen und Bezeichnungen. Die Betonung liegt auf der ersten Silbe eines Wortes.

Wichtige Begriffe und Redewendungen

ja/nein	*jā/nē*
Guten Morgen!	*Labrīt*
Guten Tag!	*Labdien*
Guten Abend!	*Labvakar*
Gute Nacht!	*Ar labu nakti*
Hallo! Grüß dich!	*Sveici!*
Auf Wiedersehen	*Uz* redzēšanos
Tschüss!	*Visu labu!*
Danke	*paldies*
Bitte	*Lūdzu*
Gern geschehen	*Labprāt*
Entschuldigung!	*Atvainojiet!*
Schade!	*žēl!*
Entschuldigung, sprechen Sie Deutsch?	*Piedodiet, lūdzu Vai jūs runājat vāciski?*
Sprechen Sie Englisch?	*Vai jūs runājat angliski?*
Ich habe Sie nicht verstanden.	*Es jūs nesapratu.*
Wie bitte?	*Kā lūdzu?*
Können Sie mir bitte helfen?	*Lūdzu, vai jūs man nepalīdzētu?*
Woher kommen Sie?	*No kurienes jūs nākat?*
Ich komme aus Deutschland.	*Es nāku no Vācijas.*
Ich heiße …	*Mani sauc …*
Ich möchte gern …	*Es gribētu …*
Wo/Wo ist?	*Kur/Kur ir?*
Hilfe!	*Palīgā!*
Arzt	*ārsts*
Kinderarzt	*bērnu ārsts*

Zahnarzt	*zobārsts*
Krankenhaus	*slimnīca*
Apothke	*aptieka*
Rufen Sie einen Arzt.	*Izsauciet ārstu.*
Rufen Sie einen Krankenwagen	*Izsauciet ātro palīdzību.*
Ich habe hier Schmerzen.	*Man sāte.*
Ich habe Durchfall.	*Man ir caureja.*
Wo finde ich…	*Sakiet, lūdzu, kur atrodas…*
… ein Kaufhaus	*… universālveikals*
… ein Lebensmittelgeschäft	*… pārtikaas veikals*
… eine Bäckerei	*… maizas veikals*
… einen Markt	*… tirgus*
… eine Buchhandlung	*… grāmatuveikals*
Postamt	*pasts*
Briefmarke	*pastmarka*
Postkarte	*atklātne*
Briefkasten	*pasta kastīte*
Wo ist bitte…	*Sakiet lūdzu kur ir…*
… die nächste Bank?	*… tuvākā banka?*
… der nächste Geldautomat?	*… tuvākai bankomāts?*
Haben Sie…?	*Vai jums ir…?*
Das gefällt mir (nicht).	*Tas mani apmierina (neder).*
Nehmen Sie Kreditkarten?	*Vai varu maksāt ar kreditkarti?*

Einkaufen

Geschäft	*Veikals*
Geld	*Nauda*
Ich hätte gern	*Es vēlētos*
Cik?	*Wie viel?*
Cik tas maksā?	*Was kostet es?*
lēts	*billig*
dā	*teuer*
atvērts	*geöffnet*
geschlossen	*slēgts*
drücken	*grūst*
ziehen	*vilkt*
Eingang	*ieeja*
Ausgang	*izeja*
Wo sind die Toiletten?	*Kur ir tualetes?*
dāmas	*Damen*
kungi	*Herren*

Wochentage/Zeit

Montag	*pirmdiena*
Dienstag	*otrdiena*
Mittwoch	*trešdiena*
Donnerstag	*ceturdiena*
Freitag	*piektdiena*
Samstag	*sestdiena*
Sonntag	*svētdiena*

heute	*šosdien*
morgen	*rītdien*
gestern	*vakar*
täglich	*katru dienu*
morgens	*no rīta*
mittags	*pusdienas laikā*
abends	*vakarā*
nachts	*naktī*
jetzt	*Tagad*
wann?	*Kad?*
Minute	minūte
Stunde	*stunda*
Tag	*diena*
Woche	*nedēļa*
Monat	*mēnesis*
Jahr	*gads*

Wie spät ist es?	*Cik ir pulkstens?*
Es ist um drei.	*Pulkstens ir trīs.*
Es ist halb drei.	*pus trīs.*

Sehenswertes/Geografische Begriffe

Platz	*laukums*
Brücke	*tilts*
Gebäude	*celtne, ēka*
Haus	*māja*
Rathaus	*domes nams*
Kirche	*baznīca*
Gottesdienst	*dievkalpojums*
Schloss, Burg	*pils*
Theater	*teatr*
Museum	*muzejs*
Ausstellung	*izstāde*
Besichtigung	*apskate*
Wann ist das Museum geöffnet?	*Kad muzejs ir atvērts?*
Wann beginnt die Führung?	*Cikos sāksies gides vadītā apskate?*
piemineklis	*Denkmal*
Altstadt	*vecpilsēta*
Stadtzentrum	*pilsētas centrs*
Naturschutzgebiet	*dabas aizsardzības zona*
See	*ezers*
Fluss	*upe*
Dorf	*ciems*
Stadt	*pilsēta*
Straße	*iela*
Hauptstraße	*prospekts*
Stadtrundfahrt	*ekskursija pa pilsētu*
Stadtplan	*pilsētas plāns*

Zahlen

Die Zahlwörter von 1–9 richten sich nach dem Geschlecht des dazugehörigen Substantivs.

1	*viens, -a*
2	*divi, -as*
3	*trīs*

Ein endloser verschneiter Ostseestrand an der Bernsteinküste

4	*četri, -as*
5	*pieci, -as*
6	*seši, -as*
7	*septiņi, -as*
8	*astoņi, -as*
9	*deviņ, -as*
10	*desmit*
11	*vienpadsmit*
12	*divpadsmit*
20	*divdesmit*
21	*divdesmit viens*
30	*trīsdesmit*
40	*četrdesmit*
50	*piecdesmit*
60	*sešdesmit*
70	*septiņdesmit*
80	*astoņdesmit*
90	*deviņdesmit*
100	*simts*
200	*divsimt*
1000	*tūkstotis*

Unterwegs

Wo?	*Zu kurieni?*
Wohin?	*Kur?*
Wie weit?	Cik tālu?
Autobus	*autobuss*
Straßenbahn	*tramvajs*
Taxi	*taksometrs*
Eisenbahn	*dzelzceļš*
Zug	*vilciens*
Bahnhof	*stacija*
Abfahrt	*atiešana*
Ankunft	*pienakšana*
aussteigen	*izkāpt*
umsteigen	*pārsēsties*
Tankstelle	*uzpildes stacija*
Polizei	*policija*
weit	*tālu*
nah	*tuvu*
nach rechts	*pa labi*
nach links	*pa kreisi*
geradeaus	*taisni*
Wo bitte ist…	*Lūdzu, kur atrodas…*
… der Flughafen?	*… lidosta?*
… die Haltestelle?	*… pietura?*
… der Taxistand?	*… taksometru stāvvieta?*
Überqueren Sie	*… šķērsojiet…*
… die Brücke	*… tiltu*
… den Platz	*… laukumu…*
… die Straße	*… ielu*

Hotel und Restaurant

Hotel	*viesnīca*
Zimmer	*istaba*
Was kostet das Zimmer?	*Cik numurs maksā?*
Bett	*gulta*
Bad	*vanna*
Schlüssel	*atslēga*
Doppelzimmer	*numurs divvietīgs*
mit Dusche/Bad	*ar dusu/vannu*
Frühstück	*brokastis*
Mittagessen	*pusdienas*
Abendessen	*vakariņas*
Restaurant	*restorāns*
Kellner	*oficiants*
Speisekarte	*ēdienkarte*
Halbpension	*puspansija*
Vollpension	*pilna pansija*
Guten Appetit!	*Labu ēstgribu!*
Prost!	*Labu apetīti! Priekā!*
Nationalgericht	*nacionālie ēdieni*
Die Speisekarte bitte!	*Lūdzu, ēdienkarti!*
Ich bin Vegetarier/in.	*Esmu vegetārietis vegetāriete.*
Ist dieser Tisch noch frei?	*Vai šis galds ir brīvs?*
Ist dieser Platz noch frei?	*Vai ši vieta it brīva?*
Die Rechnung bitte!	*Lūdzu, rēķinu!*
Trinkgeld	*dzeramnauda*
Ich nehme…	*Es vēlos…*
Butter	*sviests*
Brot	*maize*
Brötchen	*Maize/maizīte*
Käse	*Siers*
Spiegeleier	*Ceptas olas*
Apfel	*ābols*
Birne	*Bumbiers*
Himbeere	*Avene*
Pilze	*Sēnes*
Zwiebel	*Sīpols*
Suppe	*zupa*
Fisch	*zivs*
Fleisch	*Gaļa*
Vorspeise	*uzkoda*
Hauptgericht	*siltie ēdieni*
Nachtisch	saldais ēdiens
Gemüse	*saknes, dārzeņi*
Obst	*augli*
Speiseeis	*saldējums*
Kuchen	*kūka*
Messer	*nažis*
Gabel	*dakša*
Löffel	*karote*
Getränke	*dzērieni*
Bitte ein Glas…	*Lūdzu atnesiet glāzi…*
Mineralwasser	*minerālūdens*
Saft	*sula*
Bier	*alus* ■

Blick auf Rigas Altstadt von der Daugava aus ▷

Die **fetten** Seitenzahlen verweisen auf ausführliche Erwähnungen, *kursiv* gesetzte Begriffe bzw. Seitenzahlen beziehen sich auf den Service.

Abava (Fluss) 78
Allaži dabas takas (Allaži-Naturpark) 81
Amata (Fluss) 80
Angeln 83
Anreise 62 ff.
Araiši 79
Ärztliche Versorgung 71
Asari 34
Auskunft 64 ff.
Autofahren 66 f.
Automiete 66

Baltica (Folklorefestival) 70
Baltikum 9
Baltisches Ballettfestival 70
Bauska **47 f.**
– Barockschloss Rundāle 48 ff.
– Schloss von Bauska 50
– Schloss Mežotne 50 f.
Behindertengerechte Einrichtungen 67
Bernstein 40
Blini (Pfannkuchen) 68
Bobfahren 70, 83
Bootstouren 78 ff.
Borschtsch 69
Bulduri 34

Cēsis 54 ff., *70*
– Brauerei Cēsis 58
– Lauf der Jahrhunderte 59
– Maipark 58 f.
– Mittelalterliche Burg 57
– Neues Schloss 57
– Rigaer Straße 59
– Schmuckschmiede 57
– St. Johanniskirche 59

Daugava (dt. Düna) 6, 13, *80, 81*
Daugavpils 79
Diplomatische Vertretungen 65 f.
Dubulti 34
Dzintari 34

Einkaufen 67 f.
Einreise 64
Eklektizismus 43
Engures ezera dabas parks (Naturpark Enguro-See) *77 f.*
Ergļi 80
Essen und Trinken 68 ff.

Feiertage 70
Feste 70 f.
Filmfestival Arsâ *71*

Gauja (Fluss) 53, 54, *78, 79*
Gauja-Nationalpark **53**, *76 f., 85*
Geld 71
Gesundheit 71
Gulag 17

Hitler-Stalin-Pakt 9

Internet 65

Jagen 83
Jaundubulti 34
Jaunkemeri 34
Jelgava **51 f.**
– Schloss Jelgava 52
Jugendstil 24
Jūrmala 34–39, *71, 72, 80, 81 f., 86*
– Aquapark Livi 36
– Buļļuciems *81*
– Freilichtmuseum Jūrmala 36 f.
– Ķemeri-Nationalpark 36 f., *78, 81*
– Konzertsaal, Dzintari 38
– Naturpark Ragakāpa 38 f.
– Oldtimer-Ausstellung 39
– Stadtmuseum Jūrmala 39
– Strand 35

Kaņieris (See) 38
Kaltene *86*
Kauguri 34
Ķemeri 34, 81
Kinder 72
Klima 72 f.
Krāslava *79*
Kunst, Kultur 73

Lettisches Sängerfest 71
Lielupe 34
Liepājas Dzintars (Rockfestival) 42, *71*
Liepāja 39–47, *70, 86*
– Dreifaltigkeitskirche 41
– Jūrmala-Strandpark 42
– Kriegshafen 39 f., 41
– Marinegefängnis 41 f.
– Museum für Kunst und Geschichte 42
– Rathaus 43
– Rozu Laukūms 43
– St. Annenkirche 43 f.

– St. Josef-Kathedrale 44
– Strand 45
Līgatnes dabas takas (Līgatne-Naturpark) *78*
Literatur 73 f.
Livland 6

Majori 34, *81, 82*
Mazsalaca *79*
Melluži 34

Nationalflagge 56

***Ö**ffentliche Verkehrsmittel 74 f.*
Ogre (Fluss) 79, 80
Ogresmuiža 80

***P**addeln 78 ff.*
Pape-Naturpark 46 f.
Post 75
Presse 75
Priedaine 34
Priekule *82*

***R**adtouren 80 ff.*
Reiten 82
Religion 75 f.
Renda *78*
Riga 6, 8, **12–33,** *63 ff., 70, 71, 72, 73, 84*
– »Drei Brüder« 22
– Basteiberg 23
– Dom **20 f.**, 26
– Eckens Konvent 19
– Elizabetes iela 24 f.
– Hotel Konventa Sēta 28
– Ethnografisches Oper-Air-Museum 27
– Freiheitsdenkmal 23
– Georgskirche 19
– Jakobikirche 22
– Jakobskaserne 23
– Johanniskirche 19, 28
– Jüdisches Museum 28
– Jüdische Synagoge 28
– Katzenhaus 20
– Kleine und Große Gilde **19 f.,** 28
– Laima-Uhr 23
– Lettische Nationaloper 25, 31
– Lettisches Okkupationsmuseum **17,** 28 f.
– Livenplatz 19
– Mater dolorosa, Katholische Kirche 21
– Motormuseum 28
– Nationaloper 25
– Nationaler Rigaer Zoo 32
– Petrikirche **17 ff.,** 29
– Pulverturm 23
– Rahmerturm 23
– Rathausplatz 14 f.
– Riager Schloss 21 f.
– Rigaer Börse 21
– Russisch-Orthodoxe Kathedrale 24
– Schwarzhäupterhaus **15 f.,** 29
– Wagner-Konzerthalle 31
– Zentralmarkt 29
Rigaer Schwarzer Balsam 31, *68*
Ritterspiele 70
Rodeln 83

Salaca (Fluss) *79*
Salacgrīva *79*
Schwertbrüderorden 55
Sicherheit 76
Sigulda 53 f., *70, 73, 81, 83*
– Museum-Kulturschutzgebiet Turaida 53 f.
Slītere dabas taka (Slītere-Nationalpark) *77, 80 f.*
Slocene (Fluss) 38
Sloka 34
Sloka-See 38, *81*
Sport und Erholung 76–85
Strände 86
Strom 86

***T**auchen 83 f.*
Telefonieren 86 f.
Trinkgeld 87

***U**nterkunft 87 f.*

Vaivari 34, *81*
Valmiera *79, 81*
Venta (Fluss) *78*
Ventspils **59 ff.**, *70, 86*
– Freilichtmuseum 61
– Nikolauskirche 61
– Livländische Ordensburg 61
– Rathausplatz 61
– Strand 61
Vidzeme (dt. Livland) 34

***W**andern 76 ff.*
Wartheland 9
Wichtige Rufnummern 65
WWF (World Wide Fund for Nature) 46 f.

***Z**eitzone 89*
Zemgale (dt. Semgallen) 34
Zoll 89

Bildnachweis

Baltikum Tourismus Zentrale (BTZ), Berlin: S. 2 o. l., 3 o. Mitte, 15, 17 u., 27 o., 33, 34, 49, 52, 63, 68 u.
Fotolia/Aleksandrs Kosarevs: S. 58
Franz Marc Frei, München: S. 4/5, 21, 25 o., 25 u., 27 u., 28, 29, 30 o., 30 u., 40 o., 50/51, 88/89
iStockphoto/Kristine Gaizute-Ivanova: S. 85; Graham Klotz: Schmutztitel (S. 1); Aleksandrs Kosarevs: S. 59; Valerijs Kostreckis: S. 66 u., 67
Rainer Hackenberg, Köln: S. 2 o. r., 16, 17 o., 19, 20, 24, 31, 35 u., 38, 42, 43, 46, 60 u., 61 o.
Gerold Jung, Ottobrunn: S. 11, 22
Latvia Tourism/Leons Balodis: S. 26 o.; Uldis Briedis: S. 79; Daiga Kalnina: S. 53 u.; Aleksandrs Kendenkovs: S. 82, 91; Valts Kleins: S. 37 o., 40 u., 65, 69, 72, 78; Ints Lusis: S. 48; Ainars Meiers: S. 3 o. l., 44, 45, 81, 93; Ozo Golf Club: S. 84; Ilgvars PutÇns: S. 66 o., 73; Ilmars Znotins: S. 83
Christian Nowak, Berlin: S. 2 o. Mitte, 3 o. r., 18, 37 u., 47, 54 o., 56, 57
Patricia Tourist Office, Riga (www.rigalatvia.net)/Mike Johnson: S. 54 u.
Vista Point Verlag (Archiv), Köln: S. 6 o., 6 u., 7, 8, 9 o., 9 Mitte, 9 u., 10, 13, 14, 26 u., 32 o., 32 u., 35 o., 39, 48 u., 55, 60 o., 61 u., 62, 64, 70, 71, 74, 75, 86
www.pixelio.de: S. 36, 53 o., 68 o., 77 o., 77 Mitte, 77 u., 89

Schmutztitel (S. 1): Der Roland vor dem Schwarzhäupterhaus in Riga
Seite 2/3 (v. l. n. r.): Riga, im Ķemeri-Nationalpark, Liepāja, Storchennest, Schloss Rundāle, Burg Turaida

Danksagung
Ein Dankeschön an Karl-Heinz für die Inspiration, an die Baltikum Tourismus Zentrale für die umfangreichen Materialen und Informationen und besonders an Dr. Achim Opel für die Unterstützung und Motivation. P.T.

Verlegerische Leitung: Andreas Schulz
Reihenkonzeption: Vista Point-Team
Bildredaktion: Andrea Herfurth-Schindler
Textredaktion: Franziska Zielke
Lektorat: Silvia Engel
Layout und Herstellung: Sandra Penno-Vesper, Britta Wilken
Reproduktionen: Henning Rohm, Köln
Kartographie: Kartographie Huber, München
Gedruckt auf chlorfrei gebleichtem Papier

ISBN 978-3-88973-860-7

An unsere Leser!
Die Informationen dieses Buches wurden gewissenhaft recherchiert und von der Verlagsredaktion sorgfältig überprüft. Nichtsdestoweniger sind inhaltliche Fehler nicht immer zu vermeiden. Für Ihre Korrekturen und Ergänzungsvorschläge sind wir daher dankbar.

VISTA POINT VERLAG
Händelstr. 25–29 · 50674 Köln · Postfach 270572 · 50511 Köln
Telefon: 0221/92 16 13-0 · Fax: 0221/92 16 13-14
www.vistapoint.de · info@vistapoint.de